現在的大山古墳（墳丘全長約487公尺）

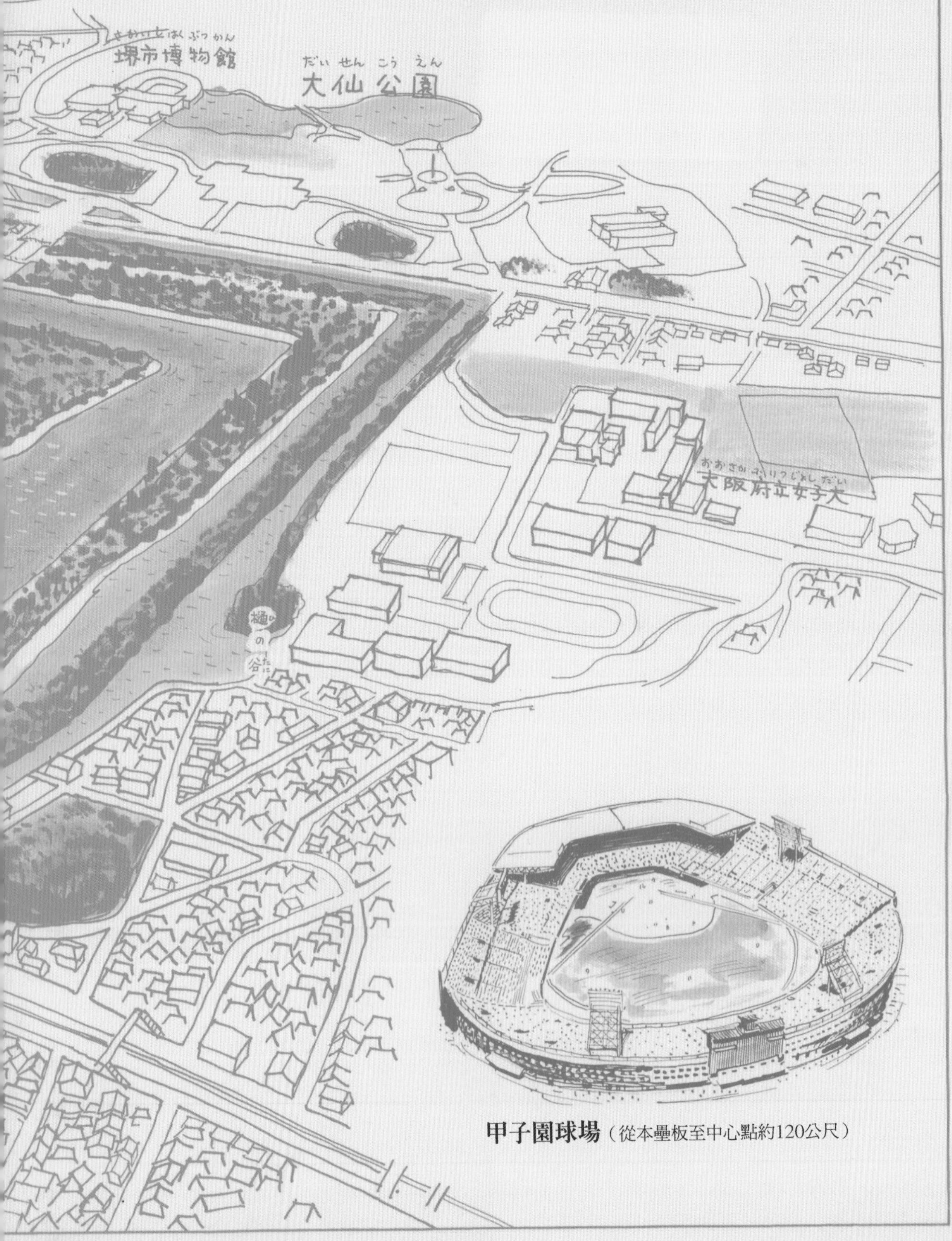

甲子園球場（從本壘板至中心點約120公尺）

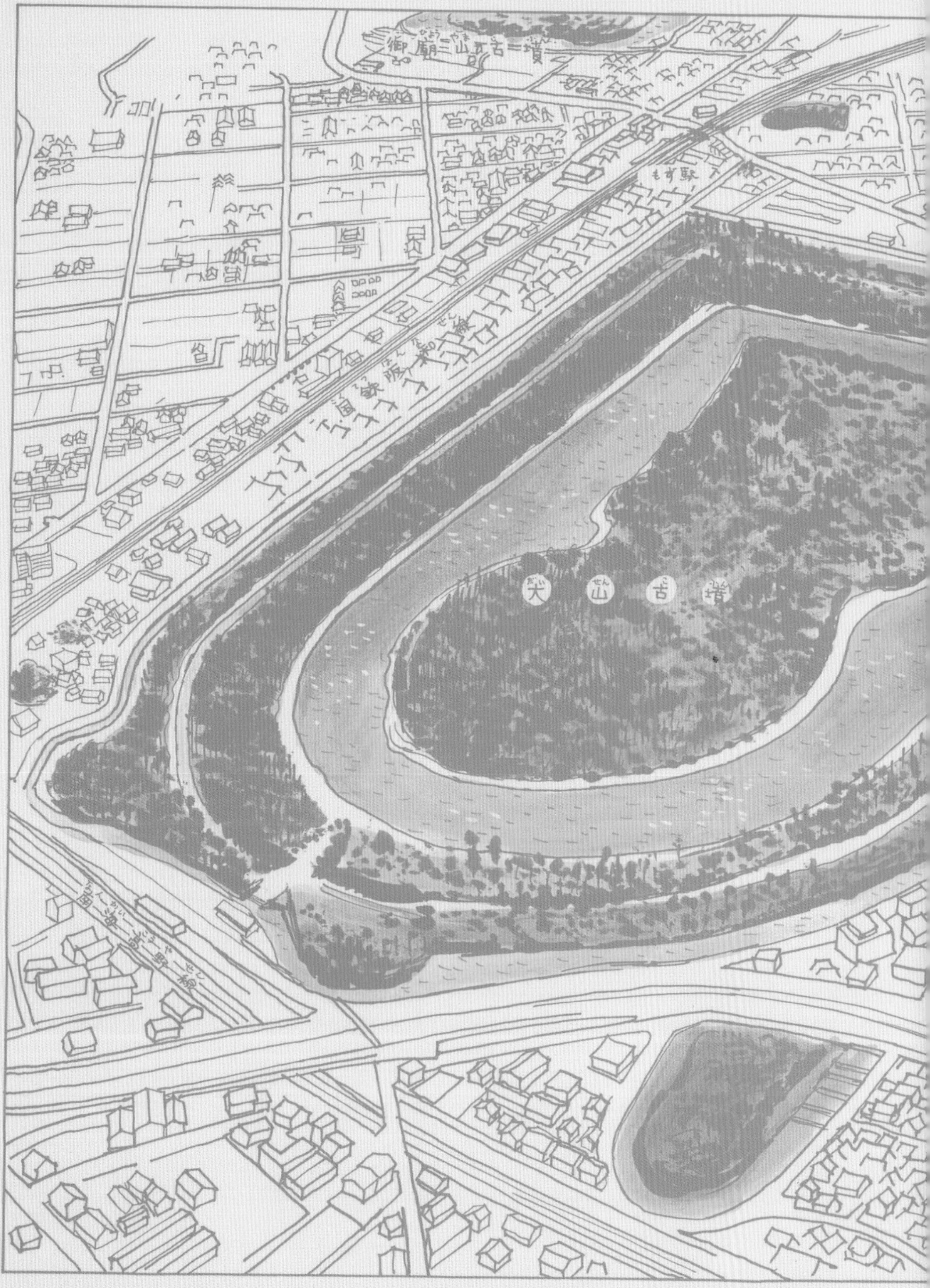
御廟山古墳
もず駅
国鉄阪和線
大山古墳
南海高野線

巨大古墳

探索前方後圓墳之謎

文・森浩一
插畫・穗積和夫
譯・張秋明

日本經典建築10
審稿 蘇睿弼（東京大學建築學博士）

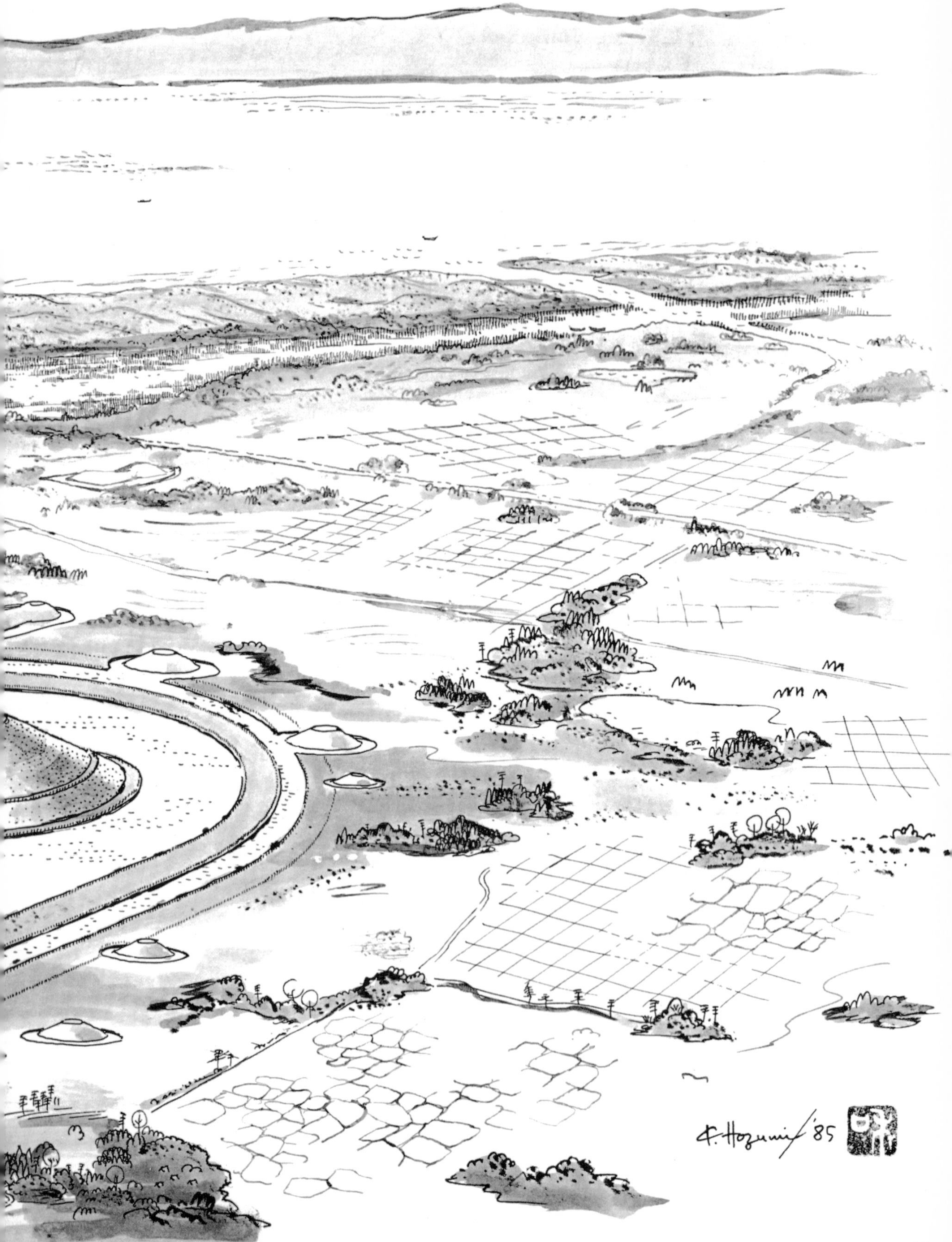
F. Hozumi '85

巨大古墳

探索前方後圓墳之謎

文・森浩一
插畫・穗積和夫
譯・張秋明

日本經典建築 10
審稿 蘇睿弼（東京大學建築學博士）

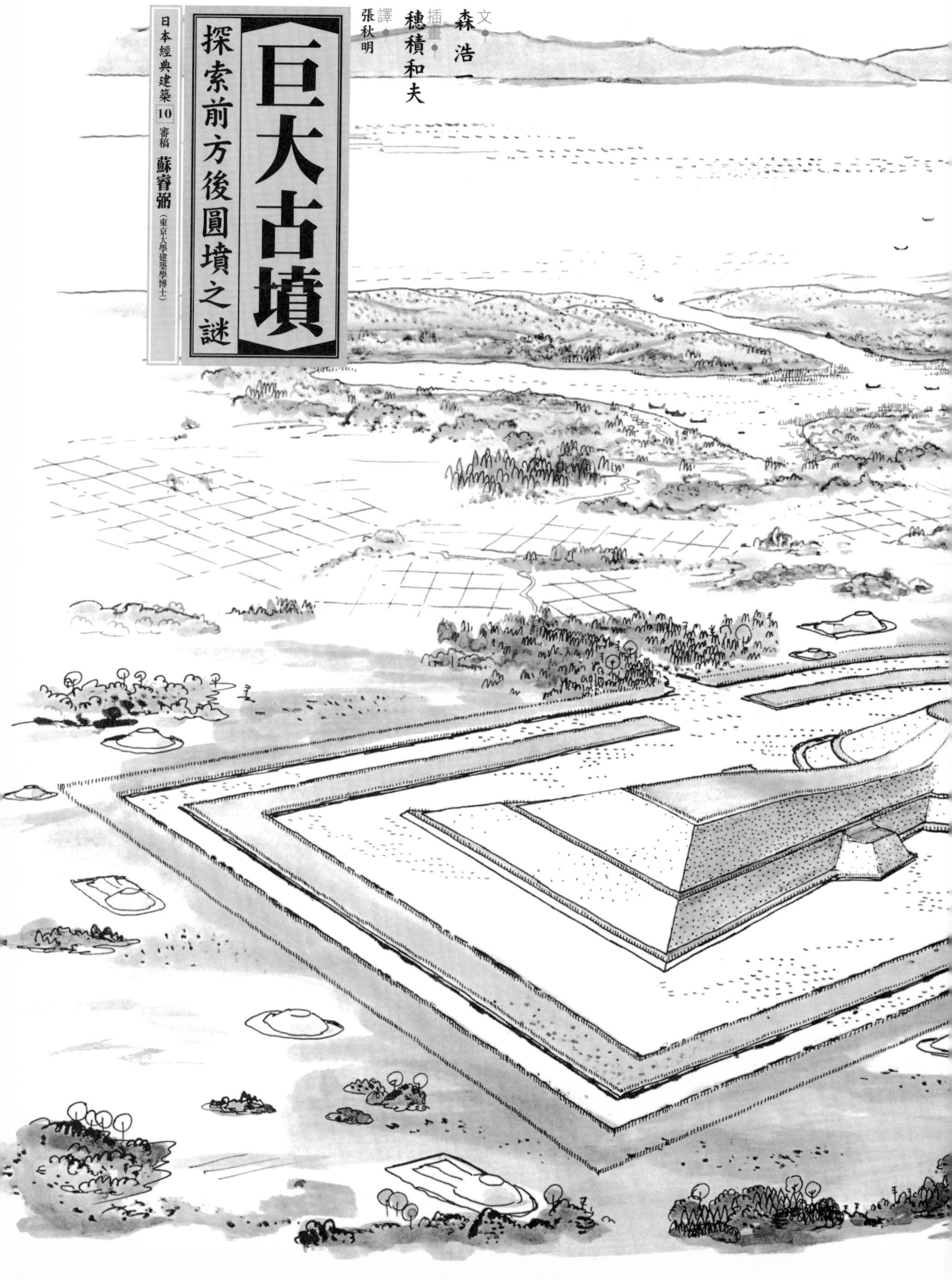

前言

　且從筆者的國外旅遊經驗說起吧。筆者剛剛參觀過中國和韓國的古代遺跡回來，前幾天才看到的秦始皇陵和百濟武寧王陵等印象還深深留在腦海裡。「中國大陸的古代文化果然精采！」心中還在反覆思考這些想法時，飛機已從四國飛到大阪南部的上空，機上廣播通知「即將抵達大阪國際機場了」。就在這時候，眼底下突然出現巨大的前方後圓墳，心中立刻湧起一股終於回到日本的真實感。

　這座古墳周遭已經完全被住宅、學校等建築物所包圍。雖然身處現代都市的環境中，卻彷彿強調「唯有這裡是古人的領域」般地，呈現出拒絕外人進入的獨立空間。上面覆蓋著森林的墳丘（古墳微微隆起的部分），一如橫躺在大地的巨人用力伸展四肢一樣，到處都充滿了力道。而且環繞在墳丘周遭，波光瀲灩的濠溝，在視覺上也產生了與現代人生活空間有所區隔的效果。然而，大家可能都沒有注意到，古墳周圍濠溝的設計考量其實是日本列島特有的形式，更加突顯了這種前方後圓墳丘的特異性。

　筆者從一千公尺的高度所俯瞰的這座古墳，乃是大阪府堺市百舌鳥古墳群中最重要的一座，也是日本規模最大（墳丘長度約四百八十公尺）的前方後圓墳。這座古墳，日本宮內廳定名為仁德天皇陵（墓），筆者則稱之為「大山古墳」。其理由說明如下。

　日本全國約有十五萬座古墳，其中也包含了古墳時代（西元三世紀中葉至六世紀末葉的三百年間，因建造許多前方後圓墳而得名——譯註）沒有墳丘的橫穴墓。至於有學術證據，知道其中埋葬何人，也就是說，確知受葬者的古墳僅有二十餘座。其中之一是位於福岡縣八女市的前方後圓墳，確定為六世紀上半葉與大和勢力有過大戰的筑紫君磐井（西元五二七年，九州北部地方豪族筑紫的國造磐井興兵阻止大和的新羅遠征軍，史稱磐井之亂——譯註）之墓。那麼該古墳是否該稱為磐井古墳呢？倒也不盡然，我們通常是以「岩戶山」之名來稱呼它。

　對於大部分的古墳，後人大都不以傳說的受葬者名號來命名，而是盡可能用親切的地名來稱呼古墳。例如埼玉縣的稻荷山、東京都的芝丸山等都是。關於大阪這座古墳，長期以來都稱之為大山。有時「山」也代表「仙」字，所以又叫做「大仙陵」。然而這座古墳雖然定名為仁德陵，事實上其受葬者並沒有任何明確的證據。

由於無法給予世人更加明確的印象，因此筆者不以仁德陵，而是用大山古墳來稱呼它。

筆者從前面就一直提到「前方後圓墳」的用語，但這並非古墳時代的說法，而是江戶時代蒲生君平（一七六八～一八一三，江戶時代後期的儒學者，著有《山陵志》、《今書》等——譯註）所創立的新名詞。蒲生君平實地考察近畿地方的天皇陵時，注意到有許多稱為車塚的古墳，於是思索出「該古墳的形狀乃是中國古代宮車形狀的延伸，改由泥土完成」的假設。而且模擬車行方向，將圓形部分稱為後，方形（其實並非正方形，而是長方形或梯形）稱為前，以示區別。然而蒲生君平的說法並未能佐以學術的證實；所謂的前後區別，至今仍是一個謎。後圓部分已確定為埋葬死者的地方，但前方部分的功能何在，尚未有定論出現。

因此有的學者建議，「前方後圓墳」一詞不過是基於蒲生君平的假設而生，並非專業的學術用語，應該停止使用，另造新詞。此一想法固然沒錯，但因為該用語早已變成一般常見的日語了，所以在加上但書「古墳的前後區別尚未有定論」的前提下，筆者仍使用「前方後圓墳」的用詞。

回顧過往，目前我們這些從事考古學研究的人，可以說是生逢於一個非常幸運的時代。第一次世界大戰發生前不久，一位英國學者威廉—佛利曼（John Peere Williams-Freeman，一八五八～一九四三，考古學者——譯註）曾對朋友說：「要成為野外考古學者，就必須變成一隻鳥才行」。因為早在七十年前要從空中俯瞰古墳的形狀，對人類而言可說是天方夜譚。甚至日本在第二次世界大戰結束之前，仍然禁止從高空拍攝天皇陵，因此無法從上空來確認大山古墳等前方後圓墳的天皇陵。

然而，今天我們可以隨心所欲地從上空鳥瞰。大部分的歷史教科書也都使用了大山古墳的空照圖，現代人即便不是歷史考古學者，也肯定都看過該照片。問題是，現代人享受這從上空鳥瞰的成真美夢，是否是恰當合適的呢？因為照理說，這些古墳時代的陵寢原則上必須站在地面從側面觀看才對呀。

接下來就讓我們回到古墳時代，一起想像古人是如何建造古墳的。當我們搭船從北九州經瀨戶內海往東行，來到明石海峽時，就能看到一座前方後圓墳。覆蓋石塊的墳丘看起來就像整座陵寢都是石造的一樣，那是五色塚古墳（神戶市）。對海上航行的船隻而言，那是一座純白色的地標，同時也是用來顯示由此將進入畿內政治勢力範圍的建築物。船繼續往東行，經過神戶市的敏馬浦後，不久又會在海岸邊看見以處女塚為主的三座前方後圓墳。

繼續往大阪灣東邊盡頭南下時，大阪市內也有幾座前方後圓墳，只是我們在船上不太容易看見罷了。不過一進入位於今日堺市海岸附近一個推測是古代的港口時，立刻可以發現一座巨大的墳丘聳立在台地上。這就是大山古墳。目前古墳上面林木茂盛，但建造當初應該表面整體都覆蓋著石塊，遠遠從海上就能看見光輝耀眼的墳丘才對。

看來大山古墳應該是很重視從海上觀望的景觀。因此我們有必要將焦點鎖定在它與港口的關係，藉以解開其中的謎題。以下筆者將就這座從我懂事以來就認識至今的大山古墳，仔細說明個人的看法。

巨大古墳為何會集中在河內

日本不只是有圓墳和方墳，還有所謂的前方後圓墳、前方後方墳、雙圓墳、扇貝式古墳等各種形狀的古墳。種類之多可說是東亞古墳之冠，也是日本古墳文化的最大特色。本書所詳盡說明的前方後圓墳，乃日本獨創的形式，從九州到東北各地均可發現其存在。

根據此一前方後圓墳的規模為準，筆者將墳丘長度在一百六十公尺以上者稱為大型古墳，也稱為巨大古墳。日本列島已知存在有五十六座的巨大古墳，然而全日本的分布區域並不平均，一如奈良縣有二十二座，大阪府有十八座，其中大半都集中在畿內地方（靠近天皇居住的區域，通常指京都、奈良、大阪等關西一帶——譯註）。

如以古墳的規模大小加以排列，排行前三名的均位於大阪府，奈良縣的見瀨丸山古墳（橿原市）僅能排名第六。此外，排名第四的岡山縣造山古墳（岡山市）也有其重要性，忽視它們的存在，將會造成事實的不完整而使我們陷入大和中心主義（以自古以來統治日本的大和朝廷為中心的歷史觀——譯註）的迷思。

一般將所謂的古墳時代，定於指四世紀到七世紀之間，筆者則更加細分為前期、中期、後期三個部分。因為即便同屬於古墳時代，文化內容仍當應時期不同而有所變化。而巨大古墳主要都集中在中期。

在大阪府，巨大古墳集中的區域，自古以來稱為「河內」（kawachi）。建造大山古墳的時期，或是在那之前的古墳時代前期，有所謂的河內國行政區域，雖然不知道當時是否也和今天一樣使用漢字「河內」來表示，但至少在古墳時代後期已經有「kawachi」的河內地域概念了。

八世紀以後的律令時代（日本於七世紀後期的飛鳥時代推行大化革新的唐化運動，實行中央集團的律令制度——譯註），河內國的一部分改制為和泉國（天平寶字元年，西元七五七年）。今天大山古墳所在的堺市也屬於和泉國，因此堺市也常被稱為「泉州堺」。有趣的是，中國福建省也有一個和堺市一樣貿易興盛的泉州市。話說回來，八世紀中期以前，不論是大山古墳、百舌鳥古墳群還是堺港等都隸屬於河內國。

河內除了大山古墳外，還有一座四百公尺級的超大型前方後圓墳。這座古墳從平安時代（西元七九四～一一八五年）以來就被當作應神天皇（日本第十五代天皇——譯註）廟（陵寢）來信仰。雖然宮內廳定名為應神陵，筆

◎巨大古墳（墳丘長度160公尺以上）分布於下列各府縣

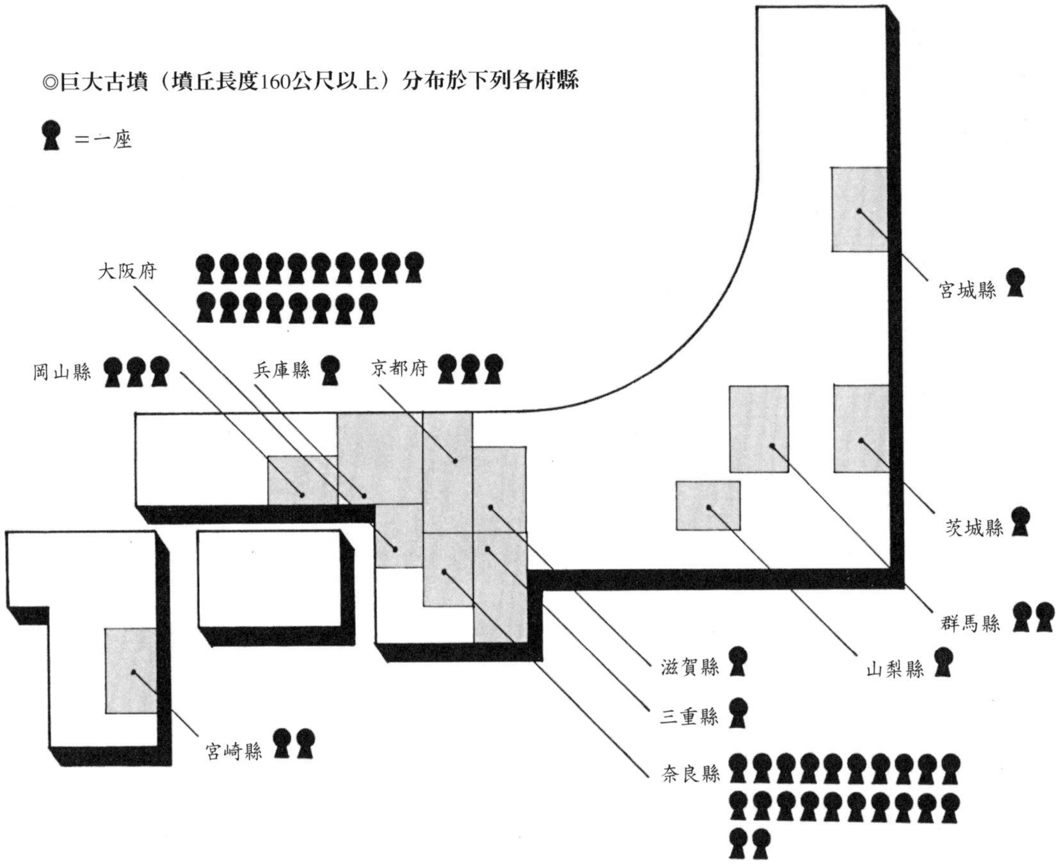

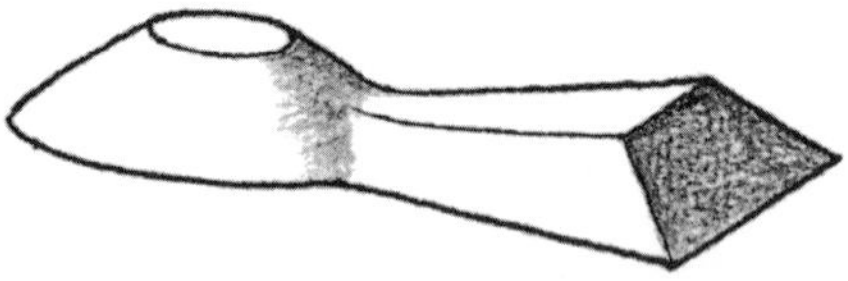

前方後圓墳

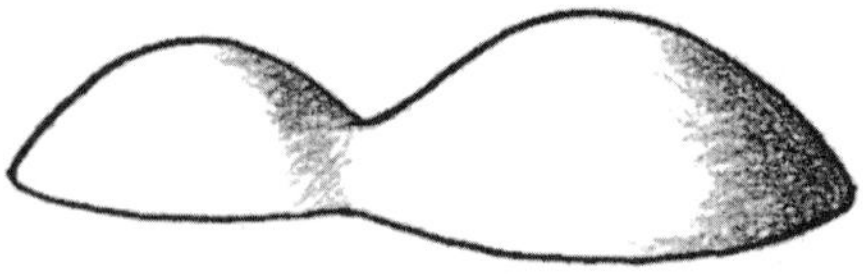

雙圓墳

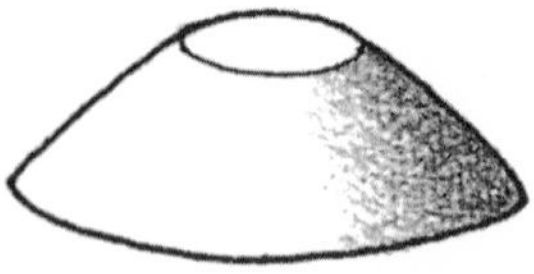

圓墳

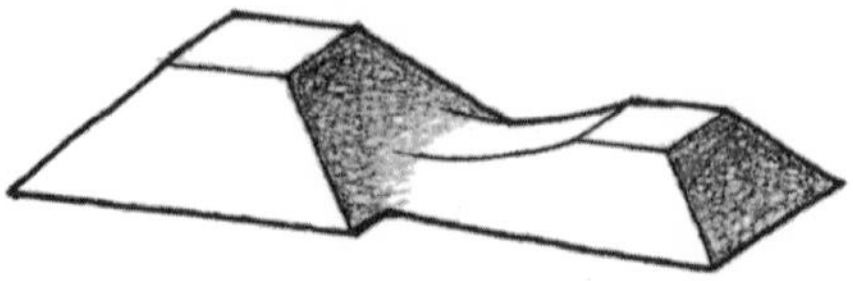

前方後方墳

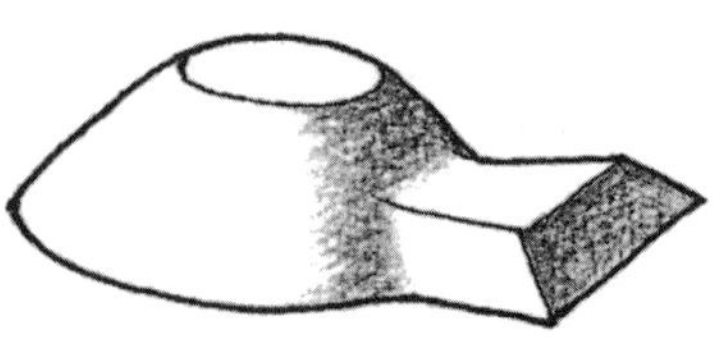

扇貝式古墳

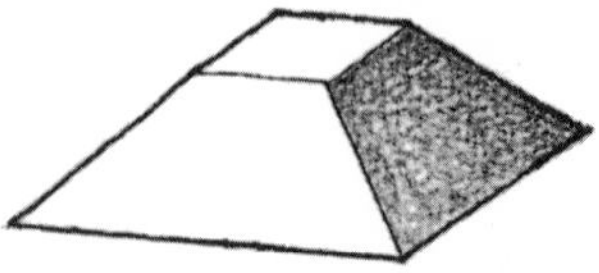

方墳

者仍稱之為「譽田山古墳」。譽田山古墳位於原屬於南河內郡一部分的羽曳野市，為古市古墳群的中心代表。像這樣許多規模龐大的前方後圓墳都集中在河內，究竟原因何在？

查閱八世紀編纂的《古事記》和《日本書紀》（《古事記》乃西元七一一年元明天皇命太安萬侶編纂之日本古代史，為日本最早的史書。《日本書紀》乃舍人親王等人於西元七二〇年完成之漢文編年體史書，記錄的時代為神代天皇到持統天皇——譯註）時，筆者發現有關河內土木工程的記載特別多。於各個時代不是挖掘大規模的濠溝（如感玖），就是挖掘水池（如狹山池、依網池等），並且還構築了茨田堤等堤防以保護水田，避免受到海水倒灌的侵害。由此可知河內該地擁有非常進步的土木工程技術；但換個角度來看，該土地也有促使其土木技術必須發達的現實原因存在。為了深入了解這一點，我們得回溯到繩文時代（日本石器時代後期，約一萬年前到西元前一世紀前後的時期，因出土文物有繩索圖案故名繩文——譯註）和彌生時代（約西元前五世紀中到西元三世紀中，因於東京都彌生區發現其陶器而得名——譯註）的河內地區。

繩文和彌生時代的河內湖

在繩文時代的大阪，似乎並非適合人居的地方。當時的遺跡雖然有日下貝塚（東大阪市）、森之宮貝塚（大阪市）和位於海岸砂丘的春木八幡山遺跡（岸和田市）等，但比起擁有許多繩文遺跡的千葉縣或茨城縣等仍屬偏少。其中藤井寺市的國府遺跡，因為挖掘出繩文人的墓地而聞名，同時也有彌生時代和古墳時代大型集落的遺跡；而且一如其地名所示，後來它也成為河內的國府，可見其地位的重要性。可是以全國性來看，單只是繩文時代的大阪依然算是人煙稀少、集落不多的地區。

或許從今日整片廣大平坦土地相連的河內平原我們無法想像，但在繩文時代這裡卻是一個很大的海灣。這裡學者稱之為「河內灣」。海灣因為大小河川帶來的泥沙淤積而逐漸縮小了面積；到了彌生時代結束，幾乎已成了淡水湖。這就是河內湖。

另一方面，觀察現在的大阪府中心區域，人們對於整體地形的印象，看不到醒目的高山，一望卻是平地相連的感覺，但實際上，這地區的土質（地質）硬度卻不甚相同。例如從大山古墳所在的百舌鳥一帶起，和大阪灣平行並向北延伸的上町台地。該台地形成於冰河期的硬質土壤，到了河內灣（湖）的時代，就像是一道細長的防波堤一樣橫隔在內湖與大阪灣之間。台地發揮了防波堤的功效，使得河內灣（湖）的水不得不迂迴向北流，剛好就從位於今天東海道新幹線的新大阪站附近、南北寬約兩三公里的出口流進了大阪灣。

彷彿一口氣嘴裡塞了太多東西硬要嚥下喉嚨，結果便經常發生吞嚥不下的現象。河內灣（湖）除了大阪的河水外，還有來自滋賀縣（近江）、奈良盆地（大和）、京都府南部（山城和丹波的一部分），以及三重縣西部（伊賀）等地的雨水匯入。但是因為出口狹窄，容易淤積泥沙，經常造成排水流入大阪灣不甚順暢的情況。

這種情形到了栽種水稻的彌生時代以降更是一大問題。當時來自大阪灣的偏西風又吹得波浪夾帶泥沙，不斷沿著上町台地西側向北推送，形成一道狹長沙洲，使得台地狀的地形前端向北延伸，更縮小了水流的出口。

在彌生時代，河內湖周邊和湖中小島的集落經常因為下大雨而遭沖刷逐流或遭土石掩埋。這些從最近出土的瓜生堂遺跡（東大阪市）、龜井遺跡（八尾市）等都能獲得明證。當然，當時的人為了治水也付出了努力，這就是促使河內地區土木工程技術發達的主要原因。

◎彌生時代到古墳時代中期在大阪的遺跡和古蹟。本書所提到的都列在圖中，但海岸、湖岸線只有彌生時代中期的。

○遺跡　古墳　●現在地名　-----現在的海岸線

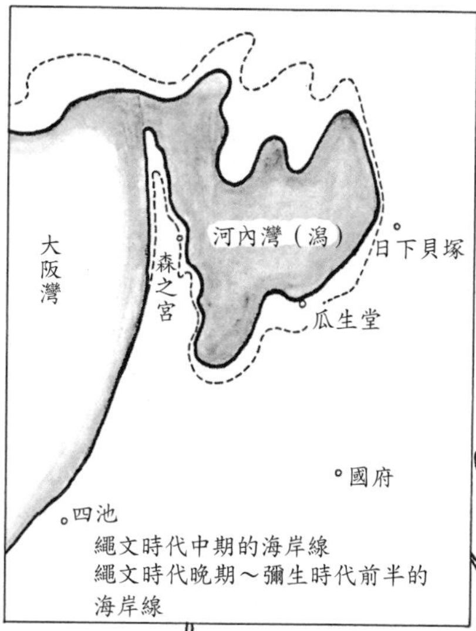

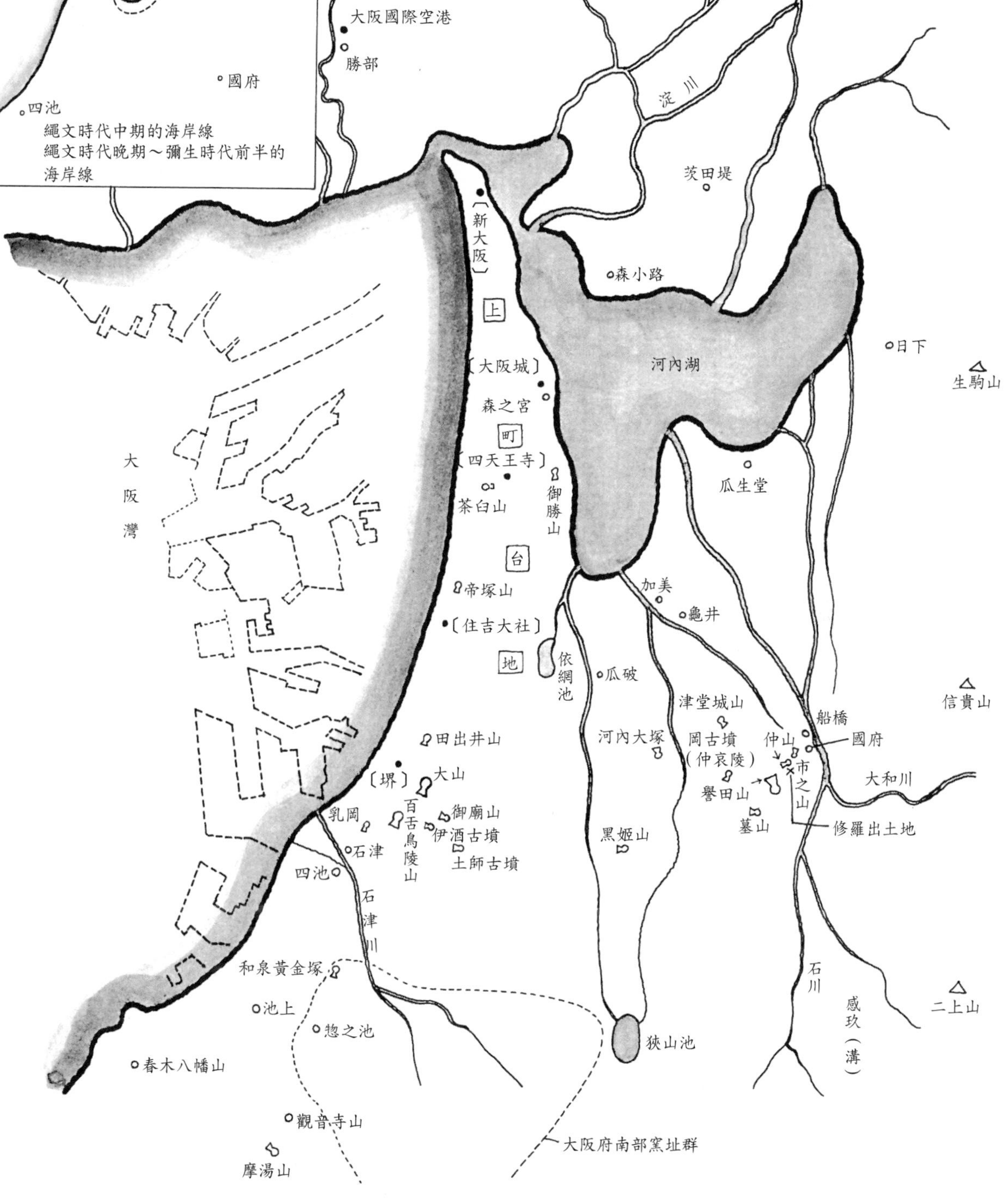

彌生時代出現掘有濠溝的集落

一進入彌生時代，大阪便開始出現許多的集落。調查其中的大型遺跡，發現和我們一般稱為「彌生村落」的農村印象有所差異，生活結構顯然變得複雜多了。從石鏃（石頭磨製的箭頭）的狩獵工具、掛在網上的釣錘、捕捉

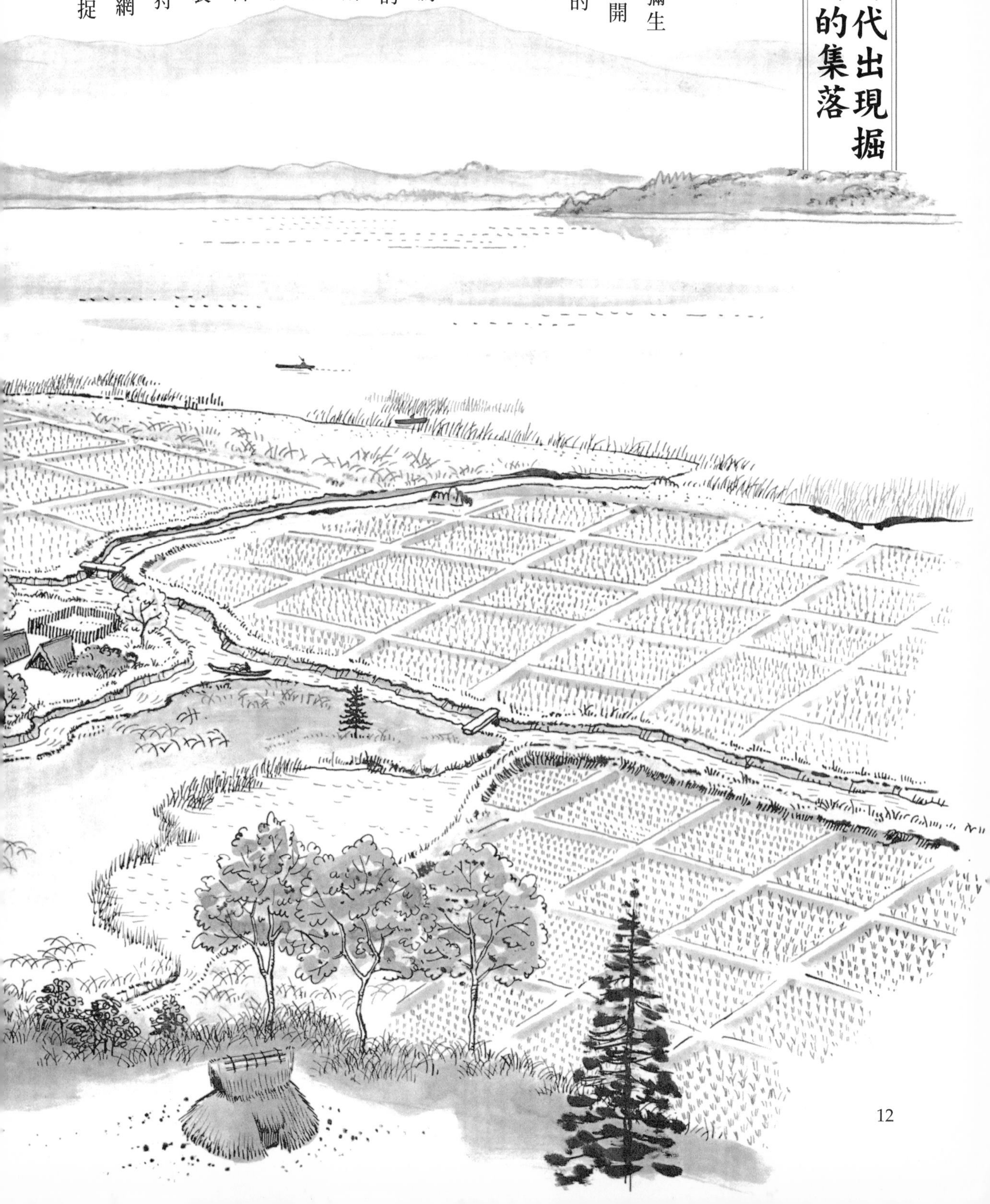

章魚蛸壺的陶罐等漁獵工具的出土，固然可認為是傳承自以前的時代，但是這一時期的人們也開始製作精巧的石器、木製農具、編織衣物，甚至還會製作銅鐸（青銅製的貴重樂器）、玻璃勾玉（逗點形狀的飾品）等東西。與其說是自給自足的農村，活潑的生活型態不禁給人小型都市已然萌芽的感覺。

像這樣彌生時代的人們群居而住，並在日後也出現了幾個在平地挖掘濠溝的大集落，也就是所謂的

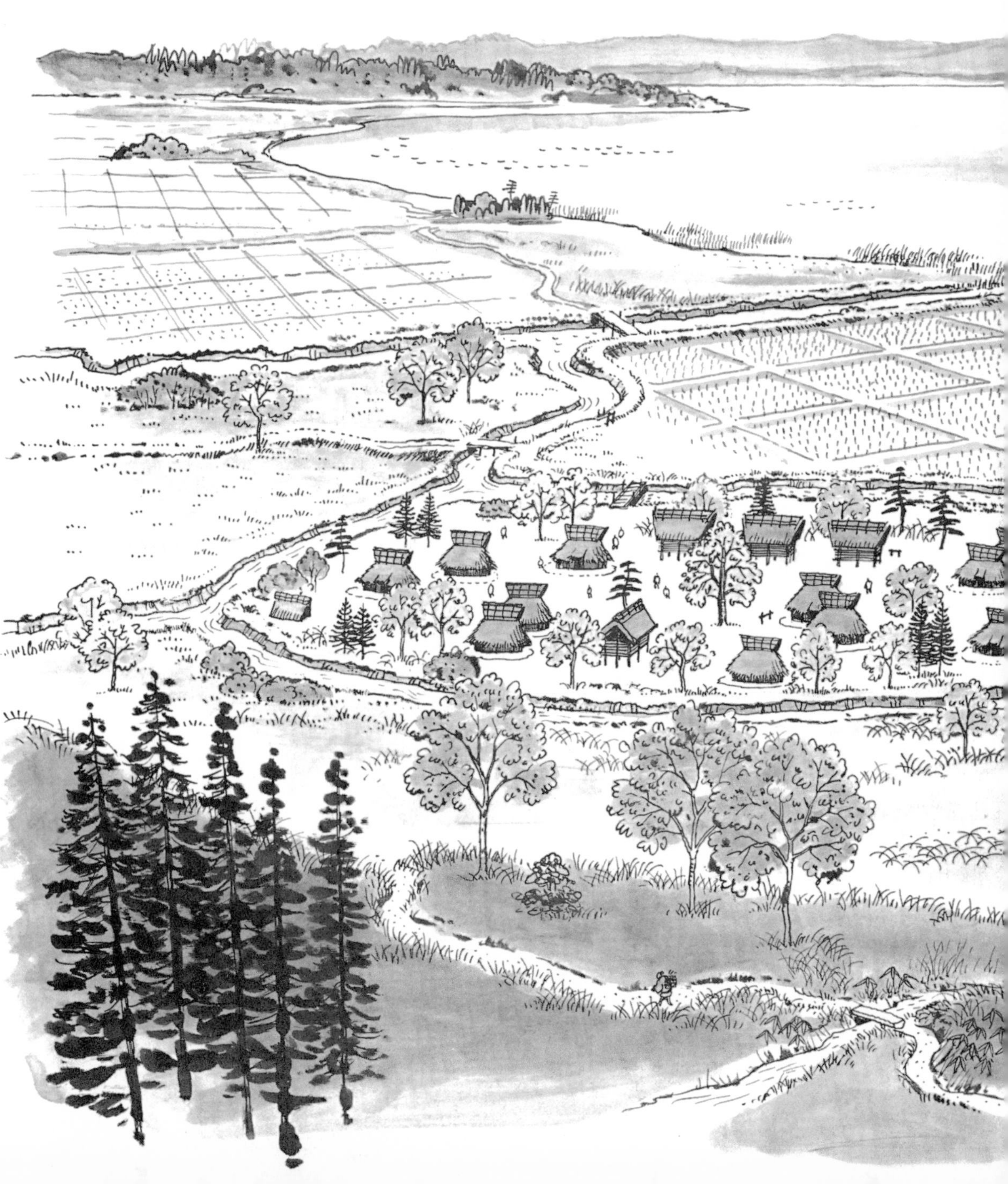

「環濠集落」型態。例如和泉市的池上遺跡，周圍就環繞著兩道寬約五公尺的濠溝，集落的規模南北約三百公尺、東西約兩百五十公尺，已接近中世的小都市規模。

池上遺跡的濠溝，似乎並非只是以防禦為主要目的而挖掘的，還兼具了日常用水和排水等功能。另外彌生時代的人們還在集落和河川之間挖掘許多渠道。這些渠道有些是利用天然的水路，除了作為雨水排水和水田灌溉之用外，也發現了作為排便之用的遺跡。當然彌生時代的人們也知道如何挖掘水井，畢竟飲用水還是得講究衛生。

然而我們不能忽略的一點是，該時代的集落建立也考慮到了舟行便利。不只是池上遺跡，離大山古墳不遠的四池遺跡（堺市）就離海岸很近；或是跟瓜生堂遺跡位於河內湖周邊一樣的，還有安滿遺跡（高槻市）也建在河邊。尤其到了彌生中期和後期，除了平地集落外，也發現了位於丘陵或山上的高地性集落遺跡。這些集落在中國史書中記錄為「倭國大亂」。由於當時日本國內的政治情勢緊張，才會產生如此特異的集落，可以行舟至平地集落，集落本身也有便於行舟的設計。那情景就好像今天中國的江南一帶，大大小小溝渠（運河）如網狀般連結了水田和村莊，可作為彌生文化遠方故鄉的想像參考。

在研究彌生集落的過程中我們認為，既然可以動員挖掘濠溝的勞動力，可見當時社會也很有能力建造規模龐大的古墳。而且在古墳周圍挖掘濠溝的構想，並非來自中國或朝鮮半島的傳統，似乎可認定為是建造巨大古墳的大阪和奈良等彌生時代集落型態的創舉。建造巨大古墳十分重視保持墳丘台面的水平技術，彌生時代的人們根據挖掘環濠的經驗，早已得知同一水平面的水平相同原則了。換句話說，彌生時代的大阪已經具備各種建造巨大古墳的基本技術了。

古墳時代出現了前方後圓墳

彌生時代的高地性集落一消滅，該地區便進入古墳時代。古墳時代之前，人們只是將死者葬於地下，從四世紀開始，才有在地面堆積土石製造古墳來埋葬死者的風俗。

所謂的高地性集落，其實就是一種戰爭時用來避難的山城式設施，因此高地性集落的式微意味著倭國大亂已然平息。不久各地開始集結以大小豪族為中心的小國，彼此相互尊重，政治秩序趨於穩定。於是各地開始積極建造前方後圓墳，地點就在以前高地性集落的所在或是附近，除了因為死者喜歡被埋葬在能俯瞰平地集落的地方外，似乎也是為了將高地性集落的舊址神聖化。

我們實地探訪遺跡觀察到以下的形式。從堺市到和泉市，平地的大集落有四池和池上兩大遺跡，與之相對應的高地性集落遺跡則有惣之池和觀音寺山；同時還有與之相對應的和泉黃金塚和摩湯山古墳等古墳時代前期的前方後圓墳（見11頁地圖）。由此可見彌生時代所興起的地域單位，到了古墳時代也依然直接傳承了下來。

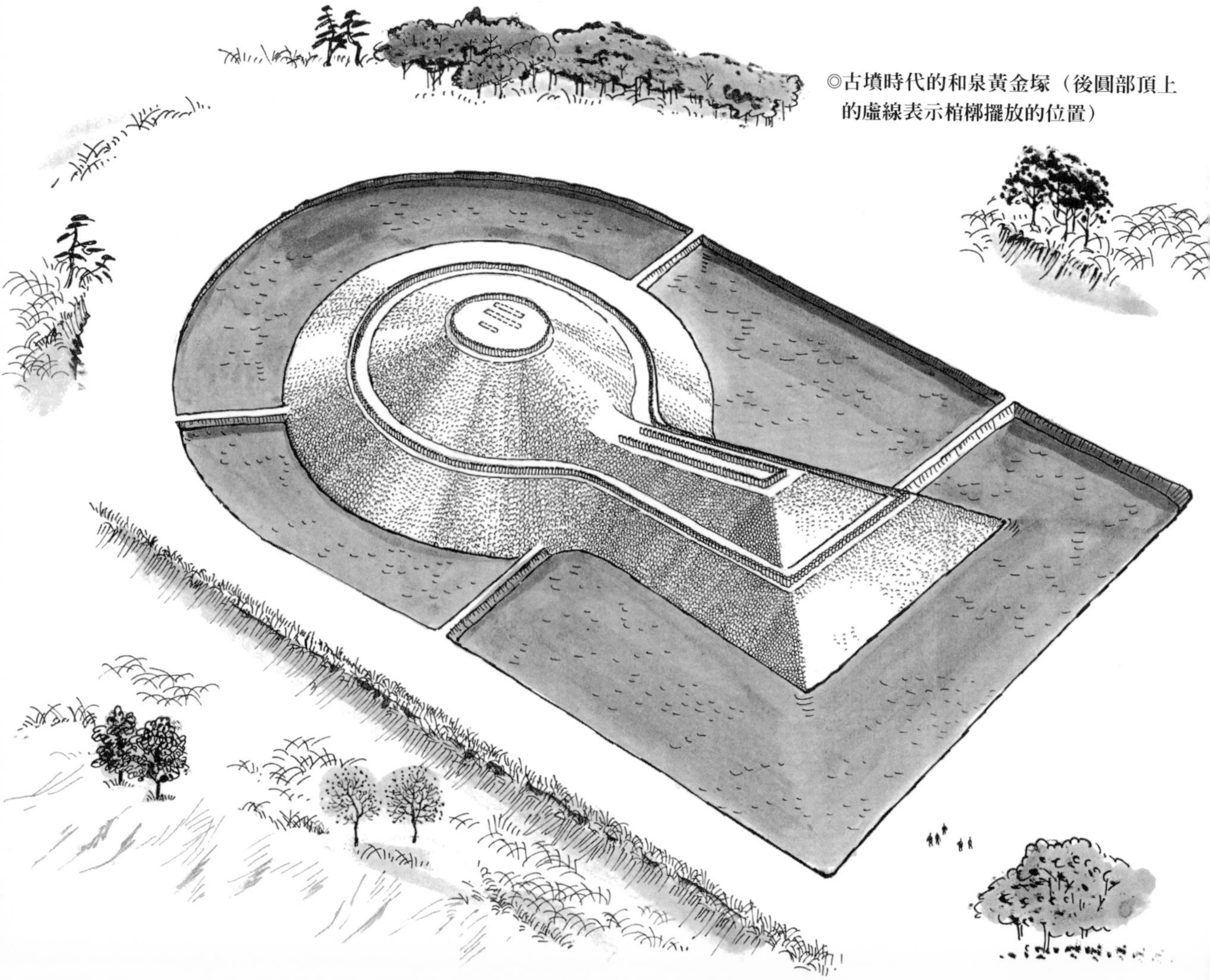

◎古墳時代的和泉黃金塚（後圓部頂上的虛線表示棺槨擺放的位置）

然而和泉黃金塚的墳丘長度八十五公尺、後圓部高八公尺，比起巨大古墳只能算是小型的，但仍然要比彌生時代任何一座古墳都要大很多。透過昭和二十六年（西元一九五一年）進行的挖掘工作，我們得以一窺墳塚的全貌。墳丘的斜面砌滿了石塊（見69頁），然後圍上一圈圓筒埴輪（見70頁），最後在後圓部上方放置屋形埴輪（埴輪為日本古墳時代特有的素燒陶器，豎立在古墳上，分為圓筒埴輪和形象埴輪兩大類——譯註）。

作為埋葬設施的後圓部上面並列著三具棺木（日本金松製），特別是中央的棺木乃長達八．五公尺的大型剖

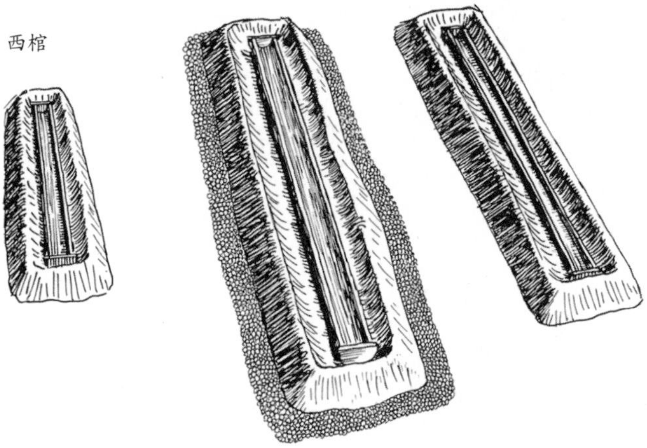

◎和泉黃金塚埋葬著三具並列的棺槨（已移除覆蓋在上面的黏土和棺蓋）。出土當時，棺木已經腐朽

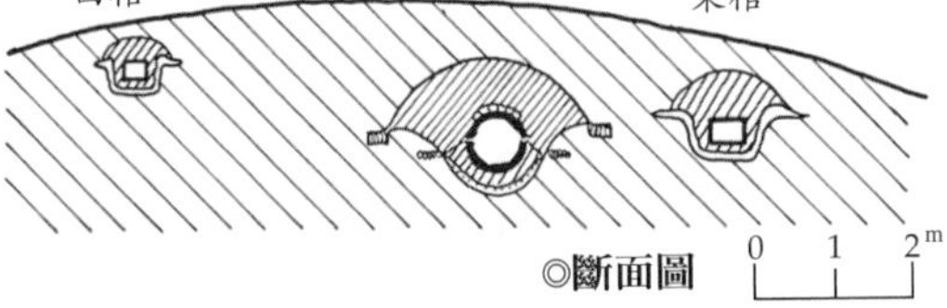

◎斷面圖

◎一部分出土的裝飾品

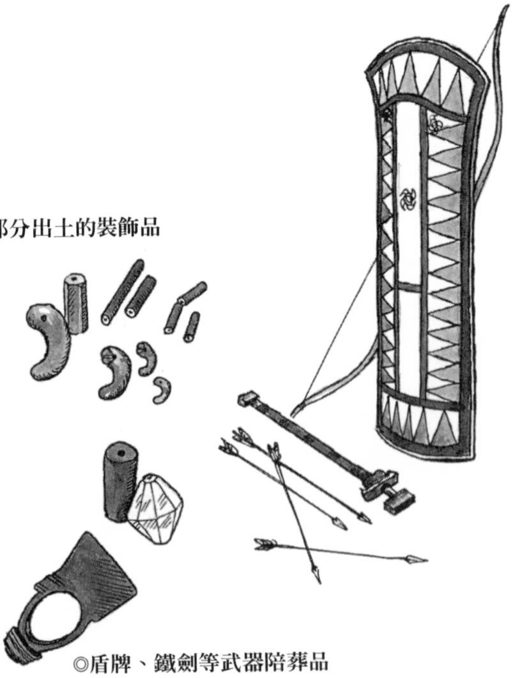

◎盾牌、鐵劍等武器陪葬品

◎中央棺的棺外出土了鑄有景初三年（魏明帝年號，西元239年）銘文的神獸鏡

竹形棺木（有棺蓋之棺槨），外面包覆著厚厚一層的黏土。陪葬品有甲冑（盔甲和頭盔）、盾牌、刀劍等武器；翡翠的勾玉、碧玉（石英的一種，呈現綠色和紅色，島根縣所產的又叫做出雲石）的管玉（細圓筒形的玉）、銅鏡等東西。從這些陪葬品的組合來判斷，東棺的埋葬者大概從事有關行政、外交、軍事和生產等範圍廣泛的工作。相對地，中央棺裡的女性（？）是掌管祭祀，西棺的埋葬者則是主要跟軍事有關。

和泉黃金塚最受到矚目的，是所有棺木中都放置有神獸鏡。尤其是中央棺陪葬的神獸鏡鑄有以中國北魏年號「景初三年（西元二三九年）」開頭的文章（銘文）。不過根據最新的研究，這些鑄有中國年號的神獸鏡很有可能是在日本製造的。所謂的神獸鏡，是在中國大陸長江流域以南的江南地區，甚至更縮小範圍乃是基於流行於沿海地帶的越地新信仰所製作的銅鏡。他們堅信人類可以長壽不老（生），因而將理想的神仙世界用圓形的圖文表現在神獸鏡上。這種新的信仰發展到四世紀便成為道教體系的濫觴。

一如我們在和泉黃金塚所看到的，遺體放置在巨大而堅固的棺槨中，外面還包覆著厚厚一層的黏土；這種重視遺體的做法正是道教的基本思想。不只是神獸鏡，和泉黃金塚裡還陪葬了中國的銅錢、流行於朝鮮半島新羅的大顆水晶玉，可見當時人們已經和大陸有直接或間接的接觸。和泉黃金塚不但讓我們認識了大山古墳前一階段的古墳情況，它也是日本前期古墳中資料最完整的重要實例。

和泉黃金塚位於信太山丘陵的西端，包含其所在地以及向東延伸的整個丘陵一帶統稱為泉北丘陵。事實上，這個丘陵地帶到了五世紀，是日本列島最早且大規模生產須惠器（受到中國大陸影響的陶質土器）的地區，這裡生產的陶質土器取代了原先的土師器（從彌生式土器傳承下來的紅土燒土器）；這個地區因而被稱為大阪府南部窯址群。須惠器似乎不只受到朝鮮半島的影響，還深受中國越地的影響，包含前面提到的神獸鏡，在在顯示了該地區和江南的關係密切。

和泉黃金塚的受葬者，推測是在泉北丘陵開始生產須惠器的時候，或是在那之前不久統治該地區的人物。除了其個人的身分地位之外，我們也不可忽略，泉北丘陵地帶生產須惠器的歷史背景，由於這是在日本燒陶史上畫時代的一頁，因此促成了該地區有著建造巨大古墳的先進表現。

◎須惠器開始於泉北丘陵大量生產

中國和倭國的交流

河內平原由彌生時代進入古墳時代的同時，東亞地區還有哪些國家興盛衰亡呢?且讓我們一同回溯稍早的時代吧。

提到中國，總給人始終都是統一國家的印象。但其實這個國家也有過戰國時代，土地分裂成許多國家，混亂的局勢後來由七國之一的秦加以收拾。秦始皇建立統一國家是在西元前二二一年。秦朝是個短命的朝代，其領土和許多的典章制度後來都被漢朝接收，歷史上統稱為秦漢時代。

漢朝始於劉邦降服項羽登基皇位的西元前二〇二年，亡於西元二二〇年，國祚共四二二年，在中國歷史上算是立國悠久的朝代。一世紀初期，王莽的新王朝曾短暫滅了漢朝，使得漢朝從此分為前漢（東漢，國都長安）、後漢（西漢，國都洛陽）。而日本的彌生時代幾乎和漢朝是同一時期。

關於東、西漢與倭人社會的關係，記載於《漢書》和《後漢書》中。由當時的中國傳到日本列島的文物，有從福岡市志賀島出土的金印（漢委奴國王印）和甕棺（特製的大甕陶棺）等古墓出土的約一百面的銅鏡。不過其中大半都是被發現陪葬於福岡縣、佐賀縣等北九州的彌生時代古墓中，而在彌生時代，北九州以東的地區，似乎並沒有直接受到來自中國的影響。倒是在河內平原的幾處彌生遺跡中，出土了中國王莽時代鑄造的貨泉銅錢，由此可見，當時河內湖周邊的商業活動十分興盛。

倭國大亂時期，中國東漢也將近尾聲，皇帝已無統治能力，國家實質已成分裂狀態。當時在新的信仰背景下發生社會動亂（如黃巾之亂等），平定動亂的曹操因而掌握政權奠立了魏王朝的基礎。同一時期的吳、蜀也各自據地稱王，形成所謂的三國時代。眾所周知的「倭人傳」首次提及當時倭人社會的卑彌呼（古代日本邪馬台國的女王——譯註）名字，而「倭人傳」就是該時代正史《三國志》的《魏志》（魏書）東夷傳的其中一節。

魏之後，西晉統一國土，但此時中國北方和西方的游牧民族開始活耀，尤其是有「五胡」之稱的匈奴、鮮卑、羯、氐、羌。進入四世紀，匈奴便占領了西晉首都洛陽，漢民族南下遷移到過去的吳地，擁護東晉王朝。

就這樣五胡相繼在北方種植黍麥的地區（華北）建國，統稱為五胡十六國，最後由鮮卑族統一華北建立北魏（北朝）。另一方面，在長江流域的華中，東晉滅亡，

◎日本建造巨大古墳時期的東亞

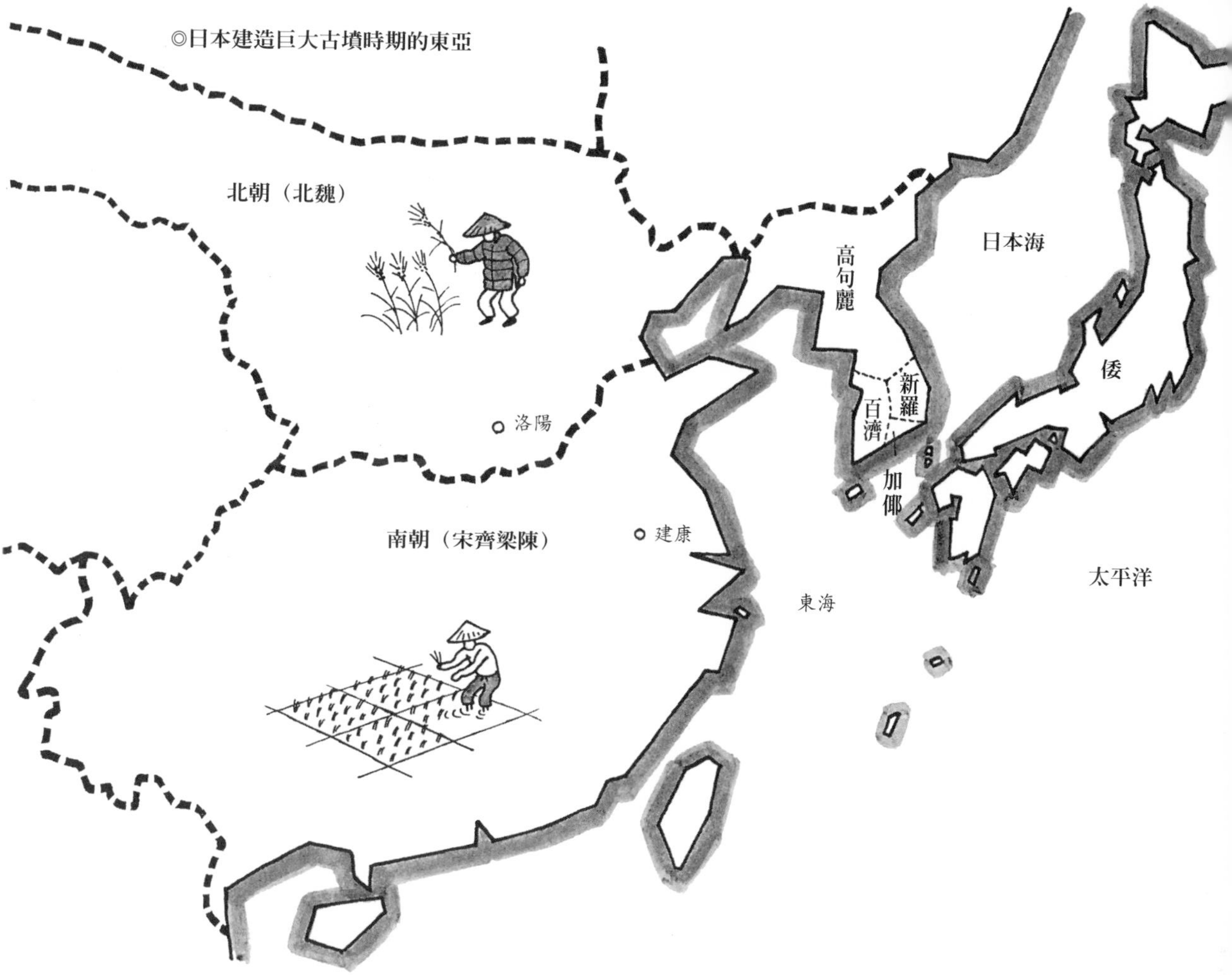

◎西元前2世紀至7世紀的日本、朝鮮、中國

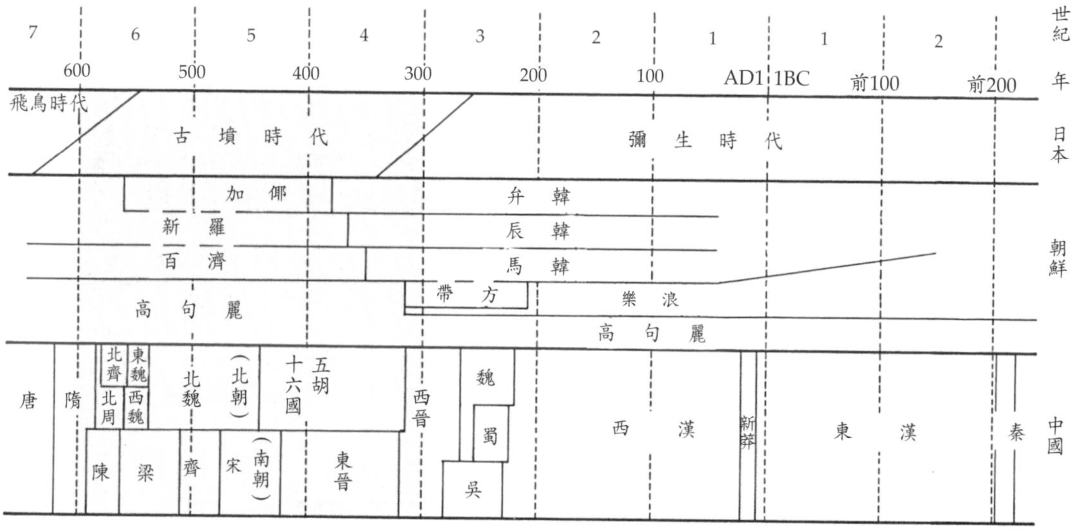

宋（南朝）起而代之，開始了南北朝的時代。

值得一提的是，日本的古墳時代開始於西晉，結束在隋唐之交，大約正是中國南北分裂，也就是南北朝對立期間。雖然五胡十六國、北魏和後來的北朝各國，在正史上和日本沒有什麼外交關係，但對日本的古墳、遺物具有深刻影響卻是無庸置疑的。

教科書上強調南北朝對立期間，倭國國王在五世紀時曾數度派遣使者前往南朝宋國，即所謂的倭五王遣使。的確，《宋書》所記載的外交關係也是一致的；但我們仍須對古墳和地下文物是否深受南朝文化的影響予以冷靜的檢討，為了這樣的檢討，自然少不了得運用考古學。

東亞的大古墳

若以分裂時代和統一時代來看中國，大型古墳常見於秦、西漢、東漢、唐等統一國家的時代，這相當有趣。當然這種看法是不適用於日本的古墳時代。

◎秦始皇

中國最早的大古墳是秦始皇陵。這座巨大的方墳，位於雙重城牆圍起來的陵園之中，是模仿當時的都市構造而建的。近年來還在外圍挖掘出一部分的兵馬俑坑，其中埋有許多實體大小的陶燒士兵和馬匹。西漢武帝的茂陵也承襲了這種規模龐大的方墳傳統，周遭還有幾座陪墳（附屬於大古墳所蓋的皇族、功臣、將軍的古墳）。在征戰匈奴有功的霍去病將軍的陪墳旁邊，豎立著石馬、石虎等石刻。相對於秦始皇陵的陪葬俑（陶燒人偶）埋於地下，霍去病將軍的石刻是排列在地面上的。

東漢也建造了大型的方墳和圓墳，例如賜予倭奴國王金印的光武帝陵就是大圓墳。不過這些方墳和圓墳，周遭既沒有挖掘濠溝，表面也沒有砌上石塊；尤其將死者埋葬於墳丘底下的深處，可說是和日本古墳最大的差異點。

到了魏朝，開始流行薄葬，過去的厚葬之禮式微。所謂厚葬，乃是構築高大的墳丘，企圖建造明顯的人工標的物，宣告這是何方人物的墳墓。而薄葬只是打造地下墓室，地面不設墳丘或立石碑，經過一段時間，地面草長高了，也就不知道墓穴曾經埋有何人，這是當時人們偏好的做法。這種薄葬主義，從魏到西晉，甚至漢人南下的華中一帶，特別是江南地區，整個南朝都沒有建過古墳。

◎從北側眺望秦始皇陵

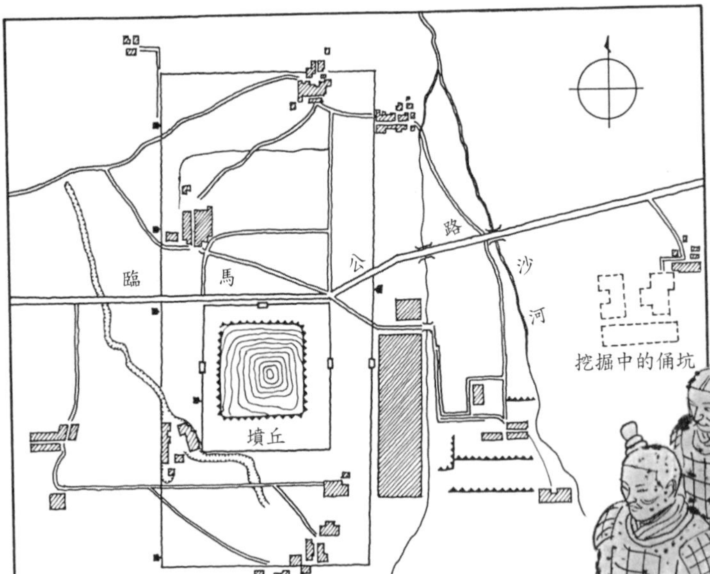

◎秦始皇陵建造在雙重的城牆裡面（本圖取自《文物》1975年11期）

□爲門 ☗爲渠道 斜線區塊表示現代的村落、學校

◎挖掘出土的兵馬俑

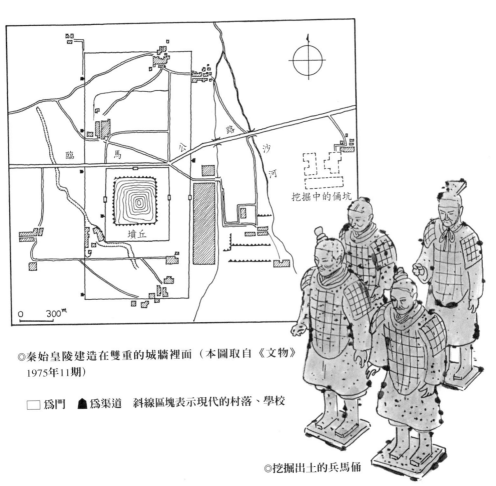

另一方面在華北，雖然東漢末期已停止營造大型古墳，但隨著北魏南下，又開始在大同、洛陽等地興建大型方墳和圓墳。五世紀的北魏就這樣和日本的古墳時代並行留下了巨大古墳。對於原本居住在華北地區的人們來說，北魏是征服者，又是來自遠方的游牧騎馬民族，因此有助於江上波夫先生（一九〇六～二〇〇二年，考古學者，著有《騎馬民族國家》——譯註）所提倡的「騎馬民族征服王朝說」（古墳時代東北亞的騎馬民族南下，在日本建立王朝的學說）。同時，北魏還在大同建造雲崗、在洛陽建造龍門等石窟寺院的大型土木工程。

這個時期的朝鮮半島則是分裂為高句麗、百濟、新羅三國和加倻，各自留下了獨特的古墳，尤其是高句麗堆積石塊而成的方墳（又稱為「積石塚」）和新羅的雙圓墳（兩座圓墳合在一起的古墳）最具特色。不過朝鮮半島不見像日本的巨大古墳，位於新羅國都慶州的兩座長達一百一十公尺的雙圓墳算是最大的。為什麼只有這兩座規模特別大呢？不禁令人聯想河內也有兩座超大型的古墳。高句麗將其精心建造的積石大古墳稱為「石築墳」，建造廣開土王（好太王，三七四～四一二）候補陵墓的太王陵、將軍塚等時期，似乎正是建造最大規模古墳的極盛期。

比較和日本古墳時代同一時期的東亞國家，中國一如前述只有五世紀的北魏建造了大古墳，南朝則是沒有發現大古墳；而朝鮮半島在北魏時代的前後期，高句麗和新羅都曾經有一段時期興建了最大規模的古墳。這些都可作為理解大山古墳、譽田山古墳等日本巨大古墳之參考。

探索古代堺港的樣貌

我們再把焦點轉回日本的古墳時代。前面提到此一時代的日本政治狀況比較安定，但是各據一方的豪族也開始依附鄰近的強國，形成更強大的勢力。之後在畿內地方出現了一名勢力雄厚的豪族，他在治理河內湖周邊水患時發揮了領導能力，也培養出成為大王的實力。

到了古墳時代中期，河內地區開始流行興建巨大的前方後圓墳。不久大王也在百舌鳥野的台地上計畫營造大山古墳，在台地的下方，則是當時的堺港。一如中世商業貿易興盛的堺港，這個古代堺港也很繁榮，只是其形狀和現代港口十分不一樣，南北狹長的水路上到處可停泊船隻。水路和海洋之間則是砂堆（見27頁圖）。所謂砂堆是指海流、波浪將砂礫等沖刷堆積在岸邊而成

的細長沙洲，上面的沙粒因風力而堆積則稱為砂丘。

就像在日本海沿岸的十二町潟（富山縣氷見市）、邑知潟（石川縣羽咋市）等所見到的一樣，海岸砂堆和稍微有點距離的丘陵和山地之間形成了潟湖，只要貫穿砂堆就能在潟湖和海洋之間製造通路，變成一個理想的港口。筆者個人將這種港口稱為潟湖港。古代日本海沿岸到處可見這種潟湖港，人們以此為據點繁榮了古代文化。但是潟湖港卻有容易堆積泥沙的缺點，因此必須經常靠當地人通力合作，清除淤塞水道的泥沙，否則潟湖港立刻便失去作用，變成今日我們海邊常見的溼地或湖泊了。

古代的堺港就是這樣的一個潟湖港口。

之所以能夠知道這些，完全拜近十年來不斷挖掘和研究堺的考古學成果所賜。最近的考古學不只是就原始時代或古代，也很積極地挖掘中世和近世的文物，確認文獻上有無紀錄，試圖補足文獻上的不完整；因此也發現了許多有關古代堺的資料。

我們一向對中世的自由都市堺擁有的印象是：它是一個四方有濠溝環繞，南北長三公里、東西寬一公里的大型環濠都市。其街道型態幾乎完整流傳至今，現在仍能探索當時的輪廓；而且根據近年的考古發掘工作，已能明確得知中世以前堺的地形。

根據這些考古發掘的成果，中世的堺肇基於寬約一公里的砂堆上，和東邊的台地（上有百舌鳥古墳群）之間隔著一個最寬處達五百公尺的潟湖。現在這些土地已高樓林立，一眼望去雖然地勢平坦，但昔日環濠之中最長的東段濠溝，正是利用這個潟湖所建而成。

因此，我們推論古墳時代的堺港應該是設在該潟湖附近。而隨著砂堆逐漸往西邊的海洋擴展變寬，港口的位置也跟著慢慢西移。於是後世的堺港，就將原本市區肇基所在的砂堆整個含括起來；換個方式形容，其都市形態就像是經由喉嚨通到體內的胃袋的狀態一樣。如今堺港的樣貌已有所改變，然而，在筆者童年時代還能看出胃袋的形狀。

關於古墳時代堺港透過潟湖與海洋相通的形成方式，筆者認為有以下的可能性。可能性之一，是在後來成為堺市市區的砂堆上，加以截斷開挖出確保通往海洋的水路。另外的可能性則是在南北狹長的潟湖中央，原本就有通往海洋的出口，其位置就在江戶時代（寶永元年，西元一七〇四年）所開鑿的大和川河口往上游約三公里之處，那裡原本就是窪地。筆者認為該窪地可能就是古代由潟湖通往海洋的出口。

如此一來，就能藉由細長的水路連接大和川的北邊和南邊的潟湖。例如大和川北邊的榎津、南邊的淺香（鹿）等港口，這些都是曾經位於潟湖附近的地名，而且這些地名在《萬葉集》（日本現存最早的詩歌總集，收錄四到八世紀約四千五百多首長歌、短歌——譯註）中，其名稱前都附加有「住吉」二字，從這事實，強化了《日本書紀》等古籍中出現的「住吉之津」可能意指包含堺港一帶潟湖之統稱的可能性。此外，由於該地區有供奉住吉神的傳統，神祇必須要坐鎮在能夠看見往來船隻的地點上，而該地名也因此稱為「大津的渟中倉之長峽」。把這裡的長峽解釋為狹長地形的樣貌，這便和遠望南北細長的潟湖邊上，停泊許多船隻的情景十分相符，所以該地區才會被稱為住吉之津或大津。

由以上可知，在建造大山古墳的時代，堺地已經擁有不錯的潟湖港。而要建造這種地形構造的港口，推測應該是利用了日本海沿岸地方長年累積的智慧和技術。

住吉神
砂
堆
住
吉
之
津
榎津
淺香
江戶時代利用窪地引自大和川的水路
中世時上面建有環濠都市
堺港
大津道（長尾街道）
百舌鳥野
從丹比道前往港口的道路
這裡建有大山古墳
石津川
挖掘水流向西的水路

連接堺和國府的大道

前往住吉之津的堺港，有一條東西走向的直線道路，叫做「大津道」（長尾街道）。所謂的津，就是港口。用大來形容，可說是和這條道路相得益彰。前面提過住吉之津因為南北細長而被稱為長峽，所以長尾街道應該也是因為長峽而得名。

這條路上居住著來自百濟的外來集團津氏和船氏。想來他們應該是負責大津道的管理、物資運送或是在河內湖、大阪灣從事水運工作吧。

大津道的南方也有一條平行的東西走向道路，叫做「丹比道」（竹內街道）。除了少數地方有些差異外，兩條道路幾乎都是維持一．九公里的間隔，可見得這兩條都是計畫道路。

仔細一看，可以發覺這兩條道路剛好都和古市古墳群、百舌鳥古墳群相連。換個角度來說，兩座古墳群的北邊盡頭幾乎都與長尾街道相連，根據我們在這兩座古墳所見的結果，不禁揣測當初是否預定在這裡建成東西寬約十四公里、南北長約三．七公里的長方形墓園。裡

面雖然營造了一些古墳，但在某個時點叫停，以致於今天我們所看到的中央部分沒有古墳。

筆者在戰時和戰後經常走這兩條古道。在筆者幼小的心靈中只覺得這兩條不斷延伸的直線道路絕非普通道路，卻壓根也沒有料到古道歷史居然可以追溯至古墳時代。確知此一事實則是要到許多年以後了。

昭和四十九年（西元一九七四年），岸俊男（日本古代史學者）教授發表了〈古道的歷史〉論文。文中提到了河內古道，他認為長尾街道古名是大津道，竹內街道古名是丹比道。

受到這篇論文的影響，從兩座古墳和這兩條古道的位置關係，筆者開始認為這些古道（尤其是長尾街道）的原型應該可以追溯至古墳時代中期。而且原為長尾街道西端終點的堺港，在六世紀下半葉開始衰退，遭放棄而不再能成為一個大港口，連結的道路（也就是長尾街道）自然也到了功成身退的時期。

話又說回來，東西長達十一公里的直線道路建設，真可說是先人雕刻在大地上的偉大遺產。

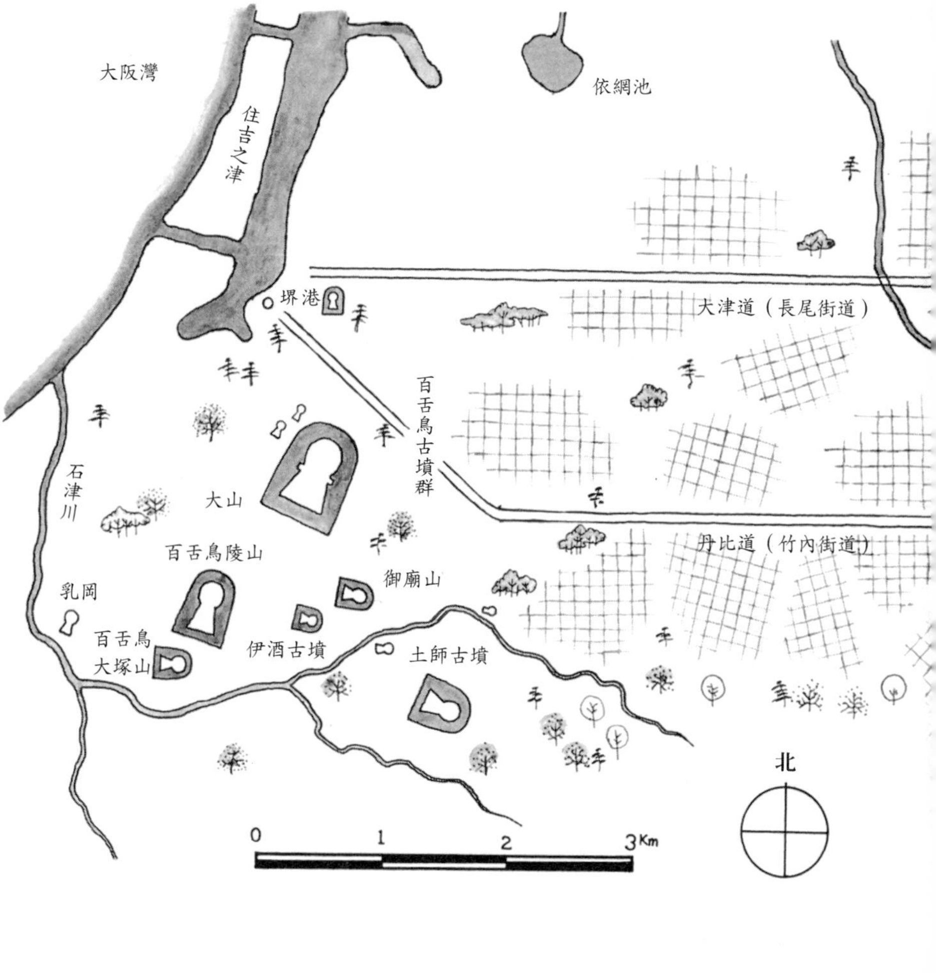

因水陸輻湊而繁榮的國府

通往堺港的幹線道路，在古人的意識中肯定是前所未有的大道吧。我們已經知道這條大道的西端終點是堺港，那麼另一頭的東端目的地又是怎麼樣的地方？它和堺港聯絡又是基於什麼樣的需要呢？

那裡被稱為國府遺跡，在律令時代為河內國的國府。以今天的說法，就是省政府、縣政府的所在地。而且早從遠古的舊石器時代起，河內地方就是安定繁榮的土地。

奈良盆地內的多數河川都匯流成大和川，穿越生駒山地和二上山之間的狹小窪地來到廣大的河內平原，國府所在地就位在大和川和來自南河內深處的石川交會處。在河內灣（湖）還很遼闊的時期，大和川可直接北

上注入灣（湖）。然後再經由前面所提過的狹小出海口流入大阪灣。換句話說，國府地點正位於交通要地。

舊石器時代，國府因為二上山所生產的讚岐石（一種火成岩，別名噹噹石〔カンカン石〕）交易而繁榮。到了繩文時代，也有和中國江南等遠方交流的跡象。

彌生時代以後，國府的聚落從之前的台地北端遷往更北方的低地，也就是河川的交會處旁。於是到了古墳時代，便在台地上建造市山古墳墓地。考古學上將十八世紀因為大和川改道而遭掩埋的遺跡稱為船橋遺跡，船橋遺跡和國府遺跡連在一起的可能性很大。

船橋遺跡的地點到了江戶時代，是將大阪的船貨物資改由小船運送至大和的中繼港口。想來這種在水運上的角色扮演可以追溯到古代吧。國府和船橋的所在地同時位居陸地和河川交通的要點，就地形和重要性而言，跟奈良盆地上推定是雄略天皇（日本第二十一代天皇，在位期間西元四五六至四七九年——譯註）朝倉宮所在地的櫻井市有共通性。另有一說，認為在《古事記》和《日本書紀》中所提到的交易之地的餌香市，和船橋一帶是重疊的。

國府和船橋在各個時代都受到矚目，換句話說，是屬於據點式的聚落。由此我們不難得知，何以大津道是從堺港通往國府的幹道。

國府位於連接大和與河內的重要地點，雖然從那裡可以經水路由河內湖出大阪灣，但還是另外往西建設了直線的道路，直接在大阪灣設置了出海口。其理由和目的何在呢？

前面已經說過，我們不能忘了這個時代上町台地的北方沙洲氾濫，使得大阪灣的出海口益形狹隘，影響了水上交通。但最大的理由應該是瀨戶內方面和北九州等地透過各種形式和朝鮮半島、中國的關係越來越密切。

當時的政權若是在河內就該稱為河內王朝王權，若是在大和就該稱為大和政權；可是單就大津道的問題是無法判斷政權的歸屬。不過筆者個人認為，國府利用遠在西邊的潟湖建設堺港，確保了直接的出海口，這一點已為大山古墳的營造正式揭幕。

為了維護堺港而改變河水流向

其實在建造大山古墳的稍早之前，還有一件跟堺港有關的土木工程。那是一件企圖改變水流方向的大工程。為了便於了解，請參照近畿地方的地圖。

沿著大阪灣往和歌山的方向南下，會發現這一帶的海岸線很長卻沒有大型河川。流經大阪市和堺市邊境的大和川固然河面寬廣、水量豐富，卻是十八世紀新挖鑿的河川。由於和泉地方缺少河川，因此也和南河內等地一樣盛行開鑿蓄水池，作為灌溉水田的主要方法。

可是當我們查閱地圖時，會看到一條河川流經有許多須惠器陶窯遺跡的泉北丘陵北邊。那是石津川，河水來到百舌鳥古墳群的西南方便開始蛇行向北而去，到了乳岡古墳又轉向西，幾乎呈直線狀流進大阪灣。

昭和二十八年（西元一九五三年），石津川因為豪雨成災，這段直線部分於是進行整治，將河水道向北擴展。這時許多彌生式土器、土師器、古式須惠器等紛紛出土，當時參與調查的筆者，對於彌生時代開始在此繁榮的村落，到了古墳時代中期卻突然衰退的現象感到不可思議。

這個疑問隨著筆者深入了解了河內湖之後的變遷、潟湖港等相關知識，突然間如同雲破天晴般豁然解開了。那是因為石津川原本西北方向的水流，為了某種理由在乳岡古墳一帶進行了河道改為西流的大工程。當時鑿建了連接海岸一千五百公尺長的水道，才使得前面提到的村落因而沒落。

至於鑿通水道的理由，則是為了提升名為住吉之津的堺港功能，使之得以延續存留。換句話說，為了避免石津川水流帶來的泥沙使得港口附近的海水變淺或是讓砂堆繼續擴大，只好想辦法讓石津川的出海口盡可能離堺港遠一些。

今天石津川的泥沙流量雖然不多，但在修改河道的當時，大概上游地區已開始生產須惠器，因為砍伐森林作為燃料之用，有可能發生暫時性的大量土石流現象。石津川進行河道工程的時間，大約是在五世紀左右。一般人似乎以為該地區只有興造過大山古墳，其實在建造古墳前後（應該是在之前），也曾進行建造堺港、修改石津川河道等大工程。

至於石津川原來的出海口，有人認為是在目前位置的北方六百公尺處，不過也有人認為地點應該更加偏北方才對。

決定營造大山古墳

當時流行在海岸邊或河川、湖泊附近，尤其是可以俯瞰港口的位置建造前方後圓墳。

例如百舌鳥古墳群之中，也有比大山古墳更早，但以相同目的建造的前方後圓墳，就是乳岡古墳。一如前述，該古墳位於距離現在石津川河口上溯約一千五百公尺的地方，當時這附近應該是石津港所在地。古代良港大多設在潟湖入口或是河川出海口的略上方。乳岡古墳目前只剩下後圓部，從暴露的石棺裡發現有鍬形石（模仿南島貝殼手鐲的玉製品）、石釧（模仿貝殼手鐲的環狀手鐲或手鐲形貴重物品）等古墳時代前期的貴重遺物，判斷百舌鳥古墳群的形成應該始於前期之末。

本書在前言所提及大阪灣沿岸的五色塚、處女塚等，很明顯是為了從船上容易眺望所建造。此外，如果復原上町台地東方的御勝山古墳（大阪市）地形，就能發現其處於俯瞰從河內湖向西流進灣內的豬甘津港口的位置；柏原市的松岳山古墳，也在俯視石川和大和川匯流點的名勝之地。這些古墳的共通點都是建於前期之末。以年代來說，應該是四世紀末到五世紀初，人們意識到海、湖、河川的位置而廣建前方後圓墳。

如此一來，在能俯瞰當時畿內首屈一指的港口，即住吉之津的位置，營造大山古墳是一件再自然不過的事了。而且這座規模龐大的前方後圓墳的確和住吉之津也很相配。想來在設計和營造等方面，肯定是討論參考了當時已經存在的前方後圓墳。

例如五色塚、處女塚的墳丘長軸（貫穿前方部和後圓部的中心線）和海岸線垂直，反而減弱了墳丘給人的巨大印象。因此大山古墳將墳丘長軸改為與海岸線平行，讓墳丘從海上眺望過來有龐大的效果。

中世所建的堺的街道、濠溝的南北方向，和大山古墳的長軸方向一致，原因也在此。換句話說，假如都市要建立在從古墳時代起就向南北延伸的砂堆上，自然其街道、濠溝的方向也會朝南北向來規畫，其結果也就和大山古墳的方向一致了。

選擇適合土木工程的土地

要建築像大山古墳這樣的巨大墳丘，土地的選擇（稱為占地）必須極其慎重。關於這一點當時的人可以參考另一座超級巨大的古墳，就是已蓋好的譽田山古墳。譽田山古墳也跟大山古墳一樣，地點選在靠近港口的要衝之地，也就是國府所能看到之處。

然而譽田山古墳和古市山古墳群的其他大型古墳相比，地點其實選得很不好。這項研究由立命館大學地理學的日下雅義教授主其事。根據他的研究，譽田山古墳橫跨在土質良好的段丘（隆起土地沒有被切斷的原始地形面）和不安定的氾濫平原（現在只要下異常大雨就會形成洪水淹漫的土地）的不同質土地上。或許是因為土質安定的地方都已建造了其他古墳，譽田山古墳才會選擇條件如此不良的地點。

所以譽田山古墳大概在一建好不久，墳丘就出現裂縫、移位等問題，讓管理古墳的工作煞費苦心。當時的人們對於硬土、軟土的認識要比現代人來得深，因此譽田山古墳的失敗經驗肯定在大山古墳的占地時也發揮了作用。

大山古墳的土地俗稱為台地，但地理學上稱為段丘，屬於礫石較多的地層。底下則是堆積著所謂大阪層群的硬質沉泥（silt，從前沉於水面下的堆積泥沙）層，並到處露出於地表。這種土質不好挖掘，卻是進行土木工程的理想土地。

就筆者的經驗，黏土層固然容易挖掘；但若是在黏土層上建造大型墳丘，會因為墳丘的重量使得周圍的土地隆起。當然大山古墳的墳丘也有許多毀損，但是如此巨大的古墳經過千百年來只有部分損傷而能繼續維持原型，完全是拜選擇土質良好的地點所賜。也就是說古人完全克服了譽田山古墳的失敗經驗。

日下教授還根據譽田山古墳蓋好後所產生的兩種地質差異性，推算其建造年代應該是在五世紀末到六世紀初。雖然這是很重要的科學數據，但也有人認為其觀測地點是墳丘之外，只能顯示墳丘外域的修建年代，不見得就是墳丘營造的年代。

大山古墳和譽田山古墳呈東西一直線排列

就這樣在可以俯瞰堺港的地點上，進行選擇土質適合建造巨大古墳的選地作業。但是要決定其具體位置，仍需要一項奇妙的因素。那就是大山古墳必須建設在譽田山古墳正西邊的同一直線上。

也就是說，參照本書第29頁的圖就能一目了然。譽田山古墳和大山古墳雖說東西間隔十．五公里，緯度卻是處於幾乎相同的位置。這並非偶然，只能說是刻意經由測量所決定的位置。那麼古人是如何測量地點的呢？

筆者認為是以大津道為基準來決定大山古墳的位置。前面提到大津道是條東西筆直的道路，因此只要以其為基準，將大山古墳定在南邊和譽田山古墳相同距離的位置即可。

可是比方說在建造大津道時，古人不像現在的我們有磁石等精密器具可以運用，古墳時代要測定正確的東西方位，究竟用的是什麼方法呢？推測應

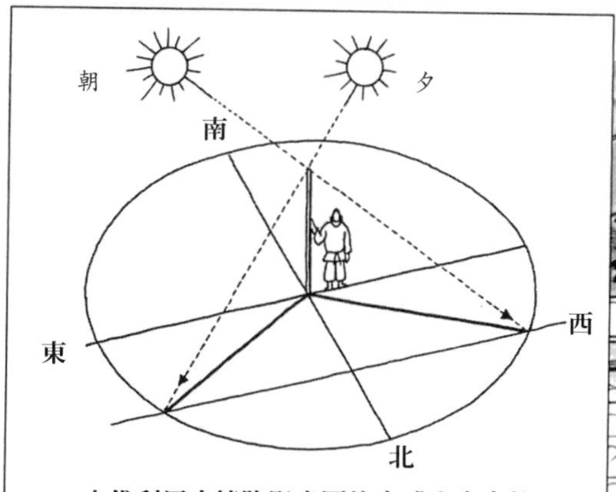

◎古代利用木樁陰影畫圓的方式來定方位

該是應用太陽等宇宙天體運行原理的基本方法。

以中國為例，自古要設計宮殿或大型陵寢時，會採用下列方法。先在基準的地點上豎立垂直的木樁，以木樁為中心在地上畫圓。然後根據木樁落在圓周上的陰影，早上一次、晚上一次畫出記號。連接這兩處記號就能畫出正確的東西線。《周禮》中記載木樁的高度為八尺（約一・七六公尺）。日本大概也用同樣的方法。因此在古墳時代，定好東西方位後就能定出南北方位，用的就是這種一般性的手法。

另外我們不禁也要懷疑，大津道以國府為起點筆直向西邊延伸成一直線，果真其盡頭就會是堺港嗎？前面已提到過，雖然當時的潟湖港是利用天然的潟湖而建，但是挖鑿出海口、掘深水深、重整港口輪廓等都是龐大的土木工程，因此堺很有可能配合大津道的位置來建設港口。只是潟湖太淺，並非天然良港，一旦疏於維持港口機能，就會降低其效用。如果筆者的假設是正確的，亦即堺是古墳時代的港口所在，那麼就意味著，中世堺之繁榮的遠因在於古墳時代港口設計的完善，這真叫我們不得不讚嘆歷史的線條牽扯竟是如此巧妙！

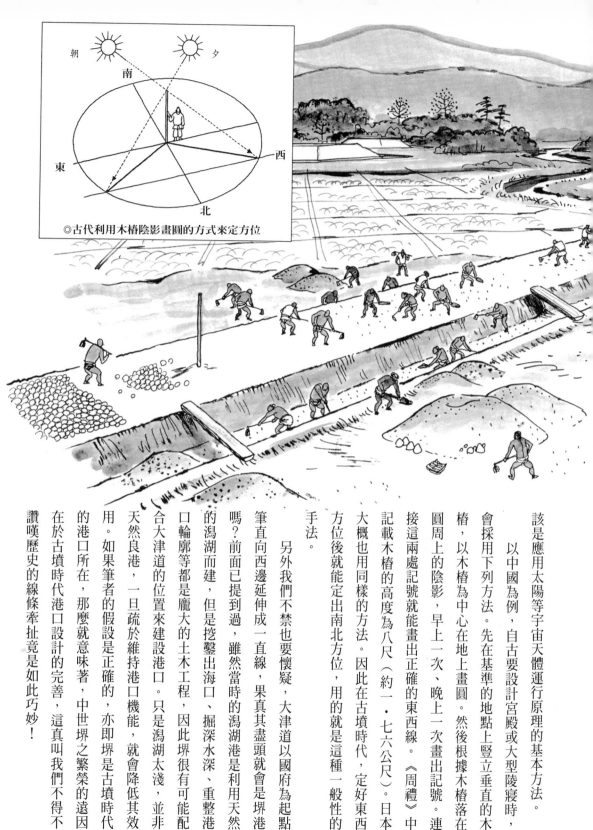

建造排水溝

一旦決定好大山古墳的地點，首先就要進行一項大工程，那就是挖掘排水用的溝渠。因為百舌鳥台地的地下水水位較高，尤其到了雨季，地下就會湧出高達一公尺的泉水。即便是現在，大山古墳濠溝裡的水也都還是泉水和雨水。因此隨便挖掘濠溝，很快就會變成一團泥淖，讓工程難以繼續下去。

後面我們還會詳述的大山古墳內濠（第一濠），水深約四公尺（有一部分甚至達六公尺），可說是很深。假設這個深度是從建造古墳的當時就如此，那就必須要有地下約四到六公尺深的排水設施；因此，古人便利用了台地斜面的一側山谷。

目前大山古墳中間腰部狹窄處的西邊，第三濠裡面有個名叫樋谷的小島，其正北方有一道向西斜下的深谷。周圍都已經被開發了，只有這裡依然保持深山地形，跟百舌鳥台地常見的其他山谷不太一樣。其他山谷的寬度和深度都只有兩公尺，樋谷的寬度卻達二十公尺、深度有五公尺。

可是樋谷一開始也和其他山谷一樣只是個小山谷，是因為大山古墳的營建工程才被擴大做成排水溝渠。樋谷至今仍繼續發揮大山古墳的排水功能，並深深地刻畫在大地之上。就這一點的意義來看，或許樋谷的存在也是大山古墳營造於此的原因之一。

譽田山古墳的濠溝最深只有約二・五公尺，那是因為其地形沒有設計挖掘排水設施的深溝，當時也不具備那種知識。

進行大型工程時，還必須考慮方便搬運建材的條件。就大山古墳而言，既能利用堺港，也能使用到石津川及其支流百濟川，所以毫無問題。另外，也要顧及堆積墳丘所需用土的採土場必須在附近等條件，因為用的是段丘的泥土，自然也不成問題。

看來大山古墳的占地似乎進行得很順利。

檢討設計

在籌備現場工程開始的同時，也檢討有關大山古墳的基本設計。是要做成跟過去所有前方後圓墳一樣的形狀呢？還是稍微改變一下造型？尤其不僅是後圓部和前方部的比率大小，關於具體的規模（也就是現在所說的幾公尺），負責造墓的土師氏首長必須聚集不斷開會討論。一旦確定原則後，便交給專業的技術團體執行。

技工們首先用泥土做成百分之一的縮小模型，然後加以檢討。當然，模型也會經過工程業主，也就是下令造墓的大王做最後的檢驗認可。如果大王因病或戰爭猝死而需要造墓時，就由繼任的大王檢驗認可。

基本設計完成後，就用黑墨畫在布上，用紅字標出實際尺寸，製作成設計圖。當然此時已經有漢字的知識，一般技

工不需要懂得複雜的文學或哲學用語，但多少都會使用基本的文字。設計圖交由現場負責指揮的一些人保管，因此必須製作相當的數量才行。

中國的中山王國（戰國時代）古墓中曾有刻在銅板上的陵墓設計圖出土。在長九十四公分、寬四十八公分、厚度一公分的銅板上，不單只是墳丘，包含整座陵園都用線條畫出了平面圖，並標記了高度等約四百個文字。該銅板並非在工程現場使用。銅板一共製作了兩片；一片放在大王墓室，另一片則由宮廷保管，但後者隨著中山王國的滅亡而逸失了。

大概大山古墳也一樣，分別製作了工程現場用和非現場用的基本設計圖。至於用的材質是木板還是金屬板就不得而知了。不過以當時日本的技術，雖然有辦法用釘子將小片的鐵板或銅板釘成較大的金屬板，但恐怕還是沒有辦法做出一整片長達一公尺的金屬板吧。太小的金屬板是無法刻上設計圖的，所以使用木板的可能性比較大。

建造巨大古墳的人

四世紀到六世紀，也就是還無法根據都市計畫造郡或建造佛教大寺院的時代，幾乎很少在一塊土地上長時期地聚集許多人，只為著一個共通的目的工作。只有建造古墳是唯一的可能，尤其是巨大古墳。當然戰時或挖掘水池、溝渠時也會聚集大量人手；比起巨大古墳的建造期間較短，戰時還不一定會長期居住在同一個地方。

為了建造古墳而聚集在一起的人，主要可分為兩大集團。一是負責基本設計、土地丈量、土質選擇等各種人員，必須具備測量、天文、土木技術等多方面高級知識，可說是頭腦集團。他們的人數較少。另一個集團則是實際從事搬運泥土等單純的勞工大集團。基本結構雖是這兩大集團，但事實上推動工程的進行還需要有可靠的事務機構。

事務機構必須為大勞工集團提供飲食、隨時準備好必要的工具，因此要有修理工具的工人待命，或是確保食物、物資的警備人員等，看似平凡卻有不可或缺的功能。另外在營造墳丘的工程同時，還必須製作埴輪、備好石棺等，因此必須做好綿密的時間管理，也必須有專人負責跟遠地聯絡。

聽起來也許令人意外，透過建造大型古墳，早在四世紀到六世紀間已經具備了現代各政府機關的先驅性雛形。日本古代史的研究認為，在律令制的政府機關成立之前，有所謂的官司制。而官司制的一部分就是從這建造巨大古墳的活潑現場中慢慢成型的。

相傳發明製造埴輪的土師氏（日本古代專門從事土木、葬禮的豪族——譯註），其工作不只是管理製造埴輪的工人（土師部），而是跟整個古墳的營造有關，已確知他們屬於所謂的頭腦集團。百舌鳥古墳群有土師古墳和奈良時代的土師寺遺跡，另外堺市土師町也有記錄土師氏的文獻。可見土師氏也參與大山古墳的建造。此外，我們也知道土師氏曾居住在古市古墳群、奈良市西北郊外的佐紀（盾列）古墳群等地，和巨大古墳的營造關係密切。

到了奈良時代末期，土師氏儘管以延續祖先的事業為榮，卻也因為給人凶惡的形象越來越強烈，姓氏被迫分裂為四：菅原、秋篠、大枝和毛受。假如沒有改姓的話，史上有名的菅原道真（西元八四五～九〇三年，日本平安時代的學者、詩人、政治家——譯註）就應該叫做土師道真。他曁是建造古墳的頭腦集團（土師氏）的後代子孫，受尊為學問之神也是理所當然的事。

◎製作埴輪

◎掌管事務的人

◎製作石棺等

◎打造鐵鐮、鋤頭等工具

◎技工

◎編織竹籃、畚箕

◎準備木材

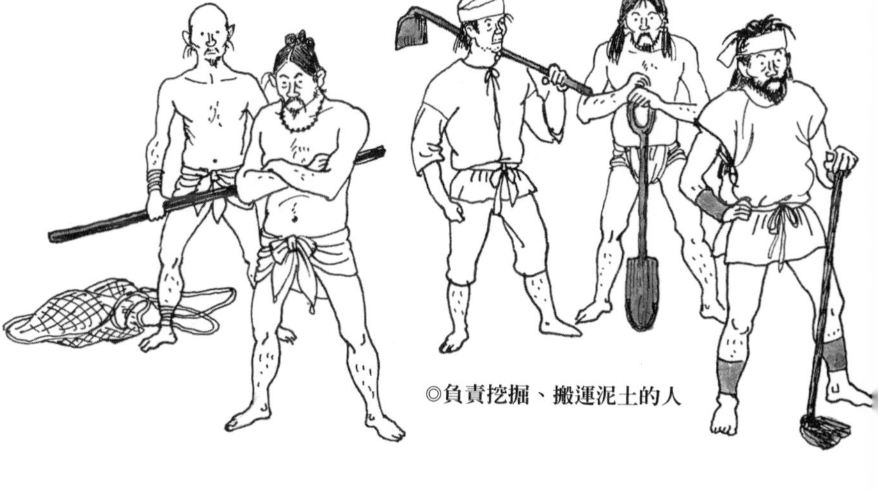

◎負責挖掘、搬運泥土的人

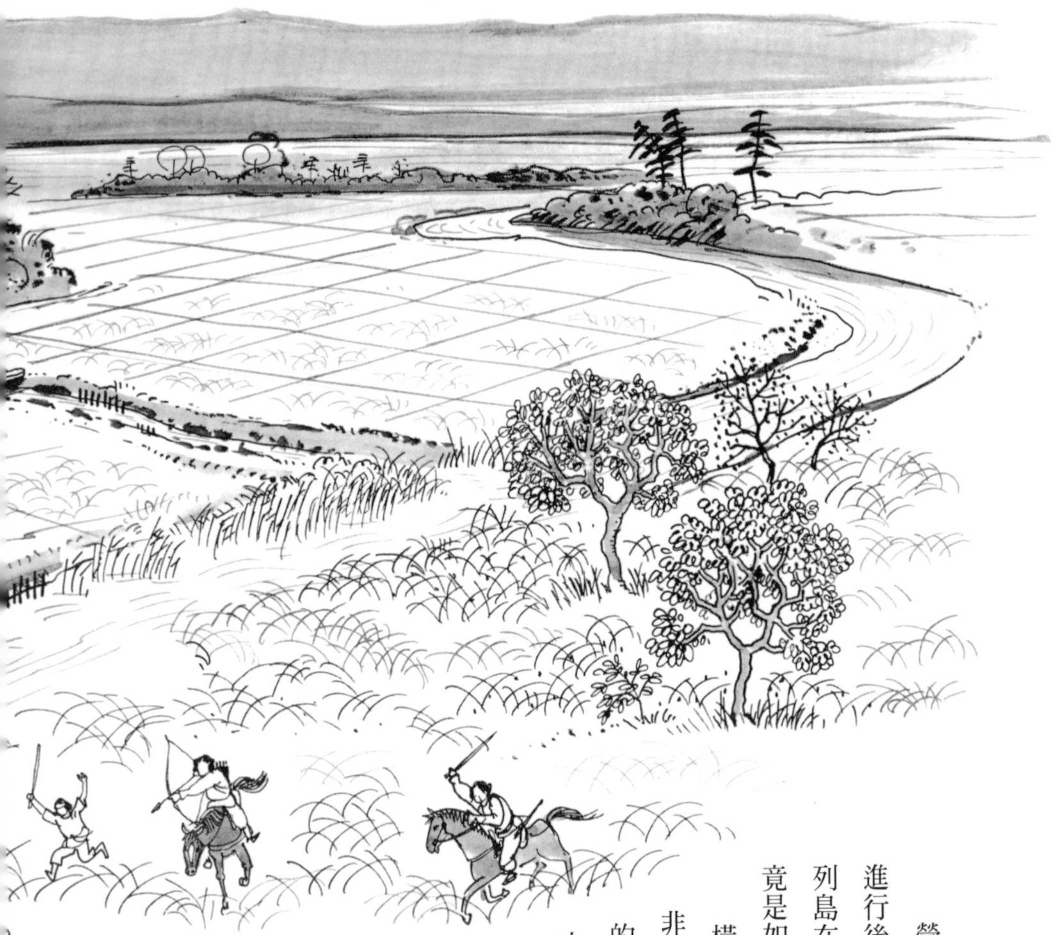

百舌鳥野的樣貌

營造大山古墳的組織確立，工程準備也順利地開始進行後，過去不見人煙的百舌鳥野忽然景況一變。日本列島在當時正是人口開始密集的土地。那麼在那之前究竟是如何的樣貌呢？且讓我們一起來探索。

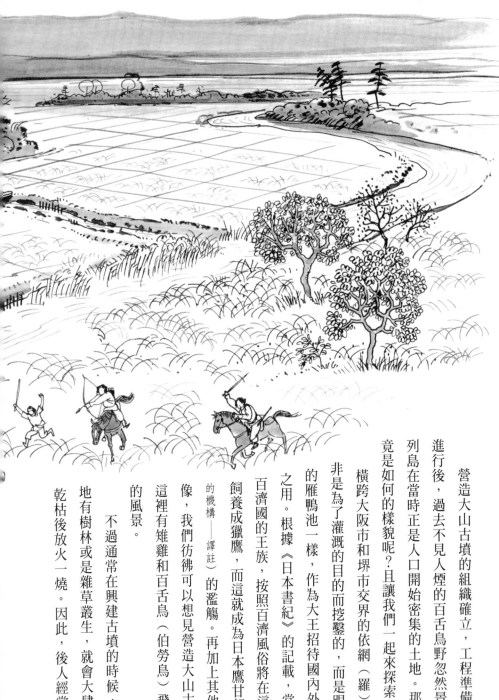

橫跨大阪市和堺市交界的依網（羅）池，一開始並非是為了灌溉的目的而挖鑿的，而是跟新羅國都慶州的雁鴨池一樣，作為大王招待國內外賓客狩獵漁釣之用。根據《日本書紀》的記載，當時有位來訪的百濟國的王族，按照百濟風俗將在這裡抓到的老鷹飼養成獵鷹，而這就成為日本鷹甘部（飼養調教老鷹的機構——譯註）的濫觴。再加上其他記載來增加想像，我們彷彿可以想見營造大山古墳前後時期，這裡有雉雞和百舌鳥（伯勞鳥）飛舞、鹿隻奔跑的風景。

不過通常在興建古墳的時候，如果古墳預定地有樹林或是雜草叢生，就會大肆砍伐，等稍微乾枯後放火一燒。因此，後人經常可以在各地古

墳隆起的墳丘下方發現灰燼或是碎炭的堆積層，從而得知那是整地工程的第一步。然而在觀察百舌鳥古墳群中不幸因土木工程而遭到破壞的古墳時，在墳丘下方卻沒有發現任何的灰燼層。真相只能靠未來查明，倒是在流經樋谷的水流周邊發現了小村落的遺跡。挖掘面積雖然不大，但有許多土器和木製品等出土。

大山古墳建造之前的百舌鳥野，已經築有許多巨大古墳，在這原野上，應該還居住著一些被動員參加建造那些古墳工程的工人。筆者甚至認為人們散居在樹林之間，感覺就像明治、大正時代（明治為一八六八～一九一一年，大正為一九一二～一九二五年——譯註）的武藏野（東京都和埼玉縣之間的台地，因獨特的樹林風光而知名——譯註）一樣。因此，大山古墳預定地的草木幾乎沒有大規模焚燒的必要；只需要驅散那些小村莊，有時還可能毀壞既有的古墳，並舉行鎮魂的儀式。

在地面打上突顯平面圖的木樁

由於測量的工作適合在空氣澄明的秋天進行，因此古人或許選在秋分之日作為營造古墳的正式開工日。我們未曾發現到日本在建造古墳時有舉行過大規模祭拜地祇（地鎮祭）的跡象，因此推論大山古墳的地鎮祭儀式應該也很簡單。

關於墓地的信仰，在中國民間認為墓地是從掌管土地的神明手中得到的，因此必須將支付土地費用的收據埋進墳墓裡。收據可能是石製、金屬製或陶板，形式不一而足，統稱為買地券。日本奈良市宇和奈邊古墳的陪墳中，也曾發現埋有貨幣性質的鐵鋌（打造成大中小一定尺寸的長方形鐵板）約五百片，或許是受到這種信仰的影響。另外在大山古墳東側陪墳區域的塚迴古墳挖掘時，也曾有當時號稱是「日本最大的翡翠勾玉」等陪葬品出土，或可視為受到該信仰的間接影響。

建造古墳的工程即將開動了。必須先砍除預定地上的草木，填埋谷狀地形，讓整個區域變得平坦，並在地面上描繪出墳丘、土堤、濠溝等輪廓；而且還必須盡可能照設計圖上縮小的圖形來擴大，在地面上打點做記號。

所幸日本列島從彌生時代以來，用來畫分水田的方格割地技術已經很進步了。所謂方格割地，就是將水田切割成棋盤般的方塊。包含靜岡市登呂遺跡等，日本各地已挖掘出不少實例。除了畫出前方後圓形的輪廓，還必須在地面上畫好棋盤式的方格；看起來好像多此一舉，實際開始進行工程時卻有事半功倍之效。區分水田時會攏土為畦（也稱畦畔）以為界，這項攏畦的技術也廣泛運用在古墳的建造上。

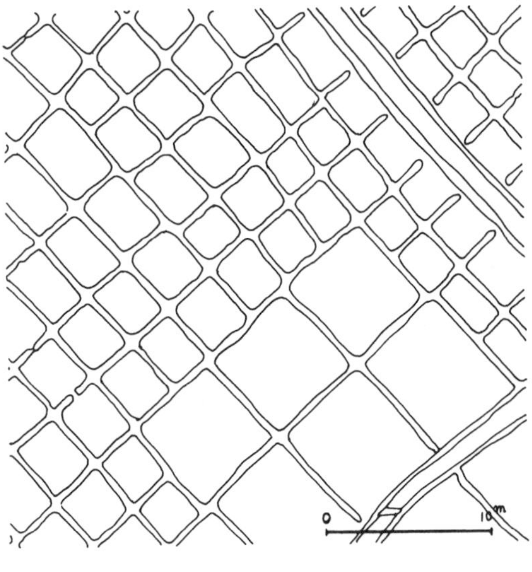

◎彌生時代的水田遺跡（靜岡縣燒津市道場田遺跡）

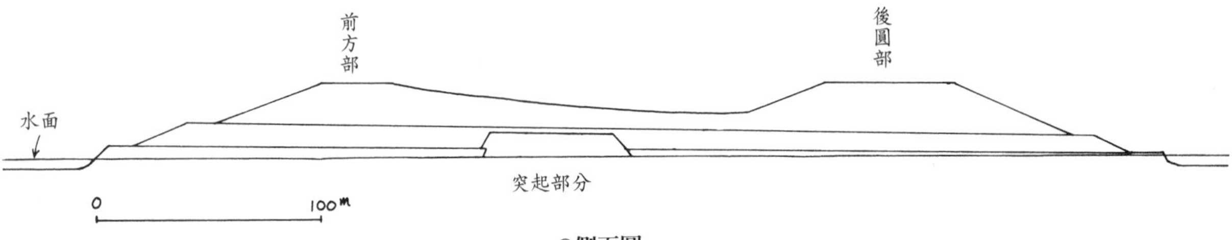

◎側面圖

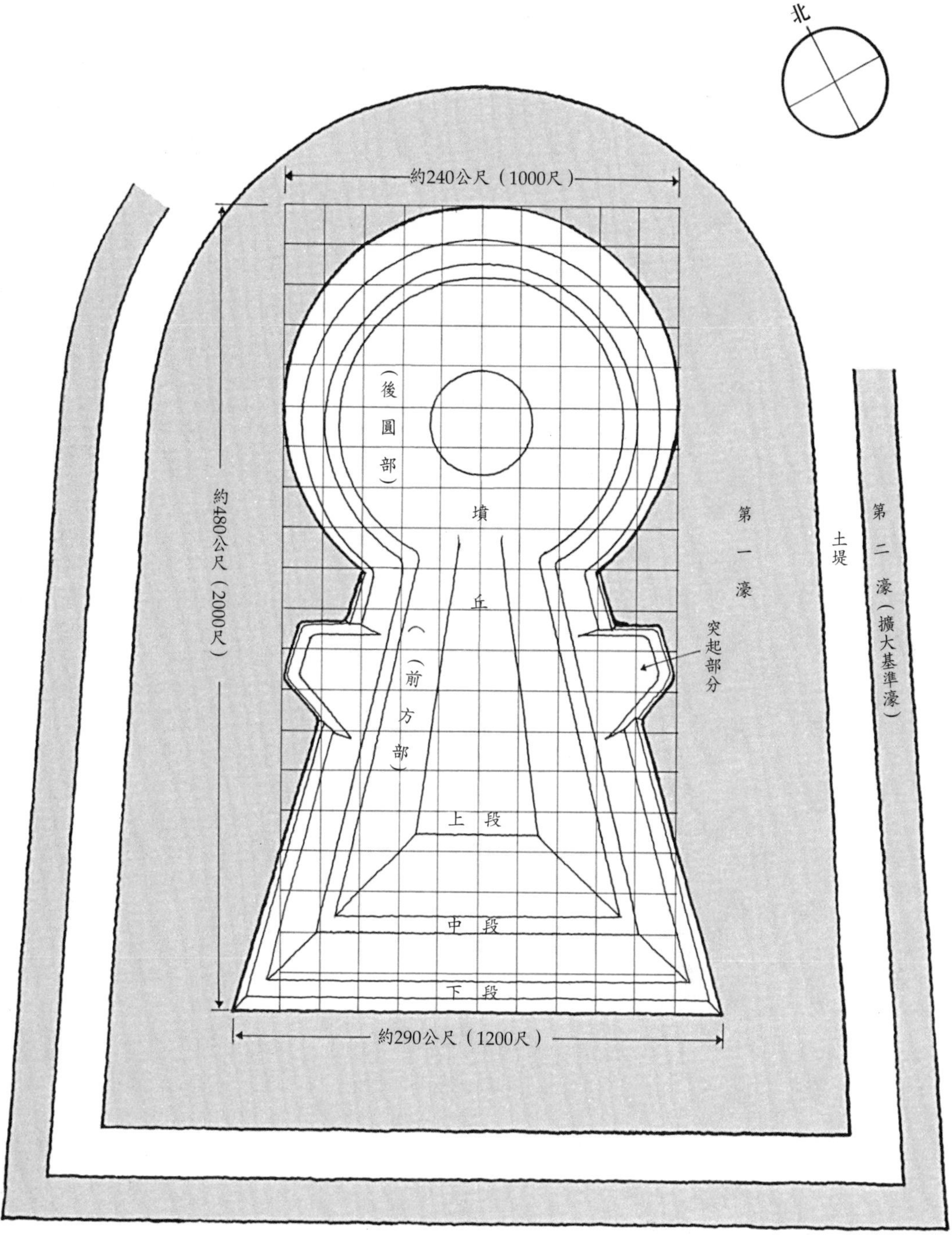

◎大山古墳的平面圖

單位：晉尺（1尺＝約24公分）

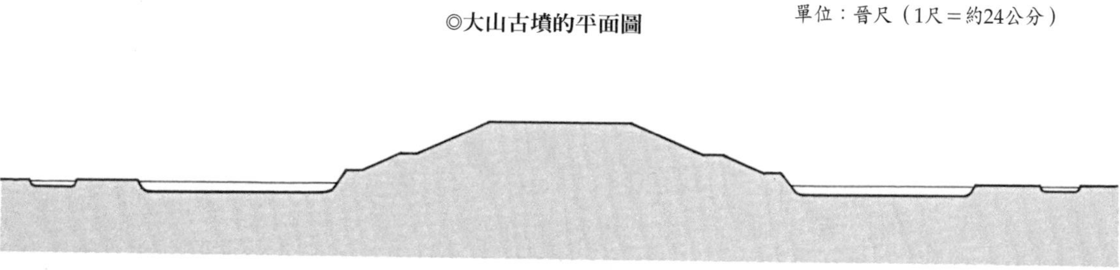

◎前方部的剖面圖

根據需要加高堆土高度，就能在古墳濠溝的外側形成土堤。因此建造古墳所運用的基本割地法，與其說是來自大陸的技術，更應該認定是日本列島始於彌生文化所建立的傳統水田畫分技術。

要在地面上顯示古墳圖形，得先打上木樁做出主要標示。這裡使用的是前端削尖的木樁，早從繩文時代起就廣為運用，到了彌生時代已和人們的生活關係密切。打樁時所用的測量工具則是長棒和長繩。在工地現場一一拿著直尺測量長度，暨費時間也常會看錯單位，因此古人選擇事先在繩子上標出較大尺寸的方法。

負責指揮丈量的技術人員應該是土師氏的重要人士。他可能穿著方便行走的輕快衣物、戴上帽簷較深的帽子避免陽光直射眼睛、肩上背著裝有各式所需小工具的布袋。手上的棒子既可以用來指揮，也可以用來確認丈量尺寸。畢竟那是還沒有擴音器或傳聲筒的時代，大概另有專人負責接力傳達指揮者的命令到遠處。

實際上，要在地面上畫出古墳的平面圖，首先得拉出基本直線，然後標出基準點，在點上以直角畫出和基本線垂直的線條。要想量出正確的直角，即便沒有分度器或經緯儀等工具，只要運用畢達哥拉斯定律就能夠輕鬆完成。準備好畫上等間隔標記的繩子，三邊的標記數分別以三、四、五的比例圍成三角形，自然就能畫出直角了。

當然後圓部的中心點、前方部的前端等重要位置就不能如法炮製，而是需要用到圓規的方法來確認。這種方法是在直線上一一標出和基準點的一定間隔，然後利用圓規畫出圓弧，連接其焦點和基準點就能畫出直角。如果沒有圓規，也可以拿住細繩的一端來畫。

只要能沉得住氣、有耐心、忠於原圖描畫，完成這項工作所需的時間倒是不長。大概有一個月的工夫就足夠了。

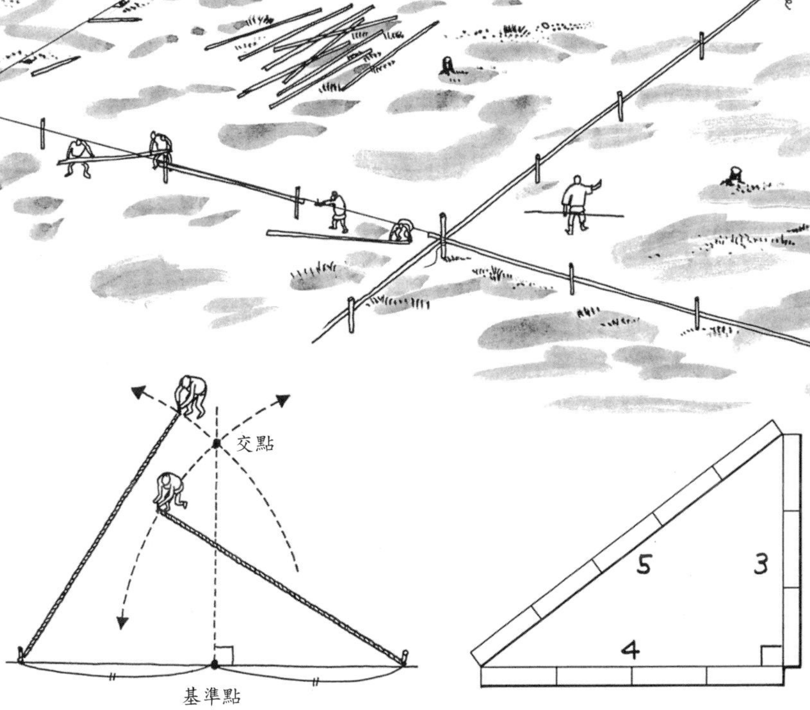

◎確認直角的方法

長度單位是以什麼為標準

然而，古墳時代的人們用來表示長度的單位究竟是什麼呢？

昭和二〇年代（西元一九六四～一九五五年），大家還以為古墳時代應該還沒有完善的尺量工具。比方說，人們認為將埴輪等間隔地安置在古墳上，只要用樹枝等作為單位就能設定等間距離；但之後卻發現了前方後圓墳其實是經過精密的設計所營造的，而且還有其他古墳群也是根據同一設計圖建造的。加上中國古墓出土了真實的古尺，因此人們推論古墳時代已有使用中國尺的可能性。

正倉院（奈良東大寺正倉院建於八世紀中期，原是用來保管古代寺院財寶的倉庫——譯註）保管有實用的象牙尺和雕工精美的豪華象牙尺等各種尺，但尺度大概都是一寸約三公分的唐尺。這裡說大概，是因為每種尺的尺度多少有些差異。在古墳時代晚期以壁畫有名的高松塚古墳，其石槨（收納棺木的石製外殼）也曾使用這種唐尺來設計。比使用唐尺設計的古墳更早的是橫穴式石室，則是採用

一寸約三・五公分的高麗尺。再久遠以前的時代就難以確定了，倒是大山古墳的時期已經有使用晉尺的跡象。晉尺一寸約二・四公分長。永寧二年（西元三〇二年）所建的洛陽古墓中有骨尺（用獸骨製成的尺）的出土，可藉由文獻和實物獲得證實。假如真的是使用晉尺，則代表大山古墳的墳丘長度設計為兩百尺（約四百八十公尺），但這只是筆者個人的假設（見49頁）。

另一方面，比起中國尺等外來丈量工具，也有些人更重視傳統的日本長度單位，即所謂的「身度尺」，比方說四個指頭寬叫做「束」，或是一步距離的「步幅」等。其中有和人體長度相近的單位，像是張開雙臂的長度叫做「尋」，至今出海捕魚的人仍會使用「尋」來表示海水的深度。

住在百舌鳥古墳群附近、從小就開始研究巨大古墳的宮川徏，在測試多種古墳尺寸的計算方法後，提出了「古墳設計可能使用約一百六十公分和約一百五十公分兩種單位」的假設，並命名為「大尋」和「小尋」。因此，譽田山古墳和大山古墳也是使用大尋為單位。宮川徏的研究指出，每個古墳的大尋、小尋單位不一定。這一點就連正倉院的收藏尺也是一樣，所以不成問題；倒是各古墳複雜的實際計算難題，仍得留待後世解決。

儘管並用中國和日本傳統的丈量工具，卻一點也不

奇怪。一如今天，日本除了正式採用國際單位制的公尺之外，傳統的寸、尺、間（一間約一．八一八公尺——譯註）等單位仍根植於日常生活中。房屋出租或公寓銷售的廣告單上常見三點三平方公尺的數字，就是將六尺（約一．八公尺）也就是「一間四方」的坪面積換算成公尺的結果。因此我們在考量丈量工具時，認定某一時代只使用一種尺度的前提並不正確。

目前天皇陵古墳是不對外開放的，如果將來能提供觀察研究，相信這些真相就能大白。

◎宮川徏研究後假設的長度計量單位

標立水平基準的記號

將古墳平面圖擴大畫在地面上，並完成打樁作業。

接下來該挖掘濠溝，用挖出來的土堆疊墳丘，這占了整個古墳營造工作的一大半。但只有濠溝的泥土不夠用，還必須從其他地方運土過來才行；而且從濠溝中挖出來的爛泥並不適合作為封土（古墳高起的土堆），只能送到陵園外面丟棄。

到目前為止，古墳的平面圖只需要記在頭腦中，今後則必須加上立體形的考量來進行作業。要建造像大山古墳如此巨大的立體形，最重要的原則就是要以哪一個部分的水平為基準。

在現代，日本列島的高度是以東京灣水平面為基準標示海拔多少公尺，該基準的三角點標示於全日本各地。古墳時代當然沒有這樣的標示，因此必須要有大山古墳專用的水平記號才行。雖說是大山古墳專用，同一設計計畫中的陪墳當然也適用該水平面。

找出水平面的方法也是彌生時代以來河內人的得意絕活之一。或許讀者已經想起來了？包含池上遺跡，彌生集落的周圍總是環繞著濠溝，而且不單只是低地集落，有些高地性集落也挖有濠溝。和泉市觀音寺山遺跡的地形複雜，環繞的濠溝卻不是順著複雜的地形挖鑿，而是堅持維持水平。

大山古墳大概是在第二濠（第二道濠溝）的位置挖掘長溝，注滿水後，作為墳丘高低基準的水平面。這個基準溝的大小只要有兩公尺寬、一公尺深就夠了。然後在溝中打下長樁以安定溝底的土質，假如有較柔軟的部分就用泥土固定。然而這條溝並沒有像大山古墳的第二濠一樣環繞墳丘，也沒有設置在後圓部北方，而似乎是在與樋谷的深排水溝交會處經由長條的導水木管連接往半空中。

古人選擇好天氣的日子，將水注入溝中到達一定高度。然後配合鼓聲的節奏，將之前打進溝底的堅固長樁標上記號。這個記號就是水平的基準。這個水平面大概不是緊貼著水面，而是高於水面一．五公尺；這樣比較方便日後作業。

一旦做好記號，就可以將溝裡的水放掉。有必要時再注入即可；但為了安全起見，可以預先設置一根作為基準的石柱。雖然在日本古墳建設中沒有看到這種做法，不過以灌溉設施聞名於世的都江堰（中國四川省成都市郊外），則是在河邊豎立石刻人像作為目測水面高度的標示。

掘土作業

營造古墳的工事現場到處都是挖掘和運送泥土的工人。畢竟建造古墳的一大半勞動力就是花在這掘土和搬運的工作上。

其實最辛苦的工作就是挖土。第二次世界大戰期間，身為中學生的筆者被動員去建設高射砲陣地，地點就在大山古墳附近和石津一帶，當時做了好多天掘土和搬運的勞動服務。因為有過經驗，所以筆者知道個中滋味。相對於掘土需要技術和體力，搬運泥土則只需要持久力，困難度倒是不高。

百舌鳥野的段丘砂礫層（有很多碎石的地層）很不好挖掘。就連現代的鏟子也無法輕易戳進土中。得用備中鋤或唐鋤那種同時用到肩膀和手臂力量的工具先將砂礫一一敲出，否則就掘挖不到泥土；但也因為經過這道作業，大山古墳的地質條件要比譽田山古墳好太多了。

當時人們是使用什麼樣的工具來應付這麼堅硬的土地呢？掘土的基本工具就是平鏟和鋤頭。平鏟上頭連著一根長柄。有的平鏟是一體成型；有的鏟身和長柄則是

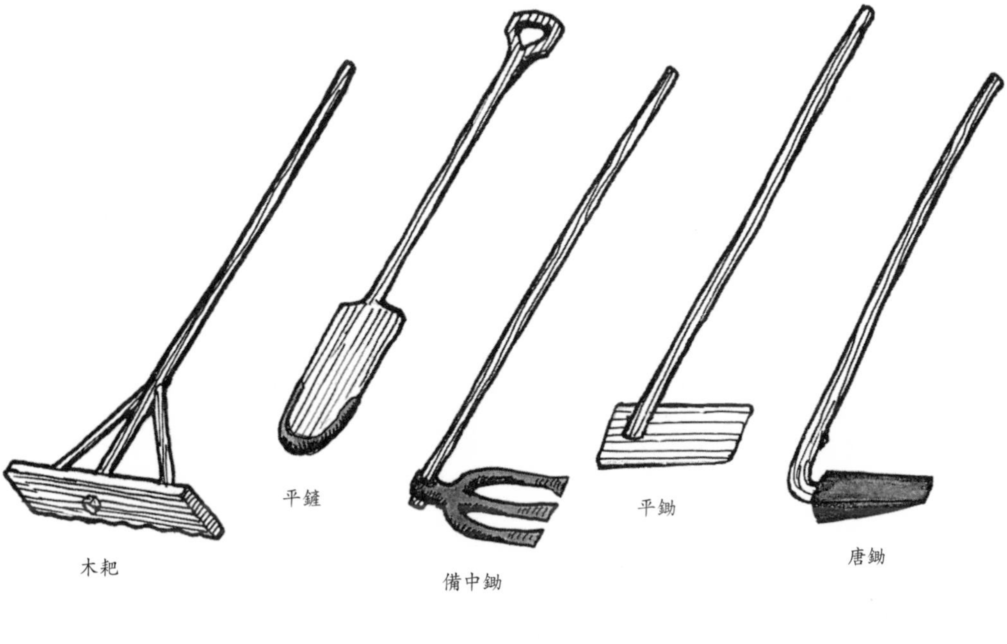

用不同的木材接合而成。使用時要將身體的重量壓在平鏟上挖土。功能和現在的鐵鏟一樣。至於鋤頭，則是有一根斜向的長柄。同樣地，有的鋤頭是用同一根樹枝作成，也有鋤身和長柄是用不同木材接合的。鋤身和長柄角度較小的適合用來整土、挖掘較淺的泥土；接近直角的則需要手臂施勁，好用來深挖泥土、刨斷樹根、樹幹或除去砂礫。

由上可知，建造古墳時需要大量類似備中鋤和唐鋤的工具。此外也需要大量的平鏟；至於鋤頭（平鋤）通常是最後用來修整墳丘用的，數量就不用太多了。

當時的平鏟、鋤頭都是木製品。彌生時代和古墳時代的遺跡所出土的工具都是赤櫟、槲櫟、青剛櫟等硬木材質，完全不見鐵製品。固然也有若干裝有薄鐵片的工具用來除草，但仍無法用來掘土或從事土木工程；還不如選擇適當樹種製作堅固的木製品來得有效。

由於沒有出土的實物，到底古人有沒有用到鐵製的平鏟、鋤頭，我們也很難判斷。但因日本富於優質的木材資源，木製的平鏟和鋤頭較為發達，只要運用的技術熟練，應該就能發揮超乎想像的效果。

像備中鋤這種大山古墳建造工程中用量最多的開墾工具，早在古墳時代前期就已經出現了。鏟身前端裝上U字型鐵刃的平鏟也見於古墳時代中期。由此看來，泥土的搬運仍是用傳統的木製平鏟和平鋤，挖掘硬土則是使用備中鋤和U字型鐵刃的鏟子。換句話說，大山古墳的營造除了日本傳統的挖掘工具外，也使用了源自大陸的備中鋤、U字型鐵刃鏟等工具，所以才能展現如此偉大的成果。

將泥土運往墳丘

另一方面，搬運工則是將泥土鏟進畚箕，用挑棒（天平棒）一擔一擔地送往墳丘預定地。

日本自古以來，搬運泥土砂石就習慣運用挑棒和畚箕的組合。從中世有關土木工程的卷軸畫中可以看到，大部分不是用挑棒扛就是放在蓆子上拖，卻沒有看到用背的。筆者在戰時的經驗也是用挑棒和畚箕搬運泥土。

挑棒在《風土記》（西元七一三年日本元明天皇下命編撰，記錄日本古代各國文化和地理的一部書——譯註）中有所記載，在奈良的

纏向石塚古墳（櫻井市）

濠溝裡也有實物出土。我們不妨認定，在建造大山古墳時挑棒已被派上用場了。

另外，在江戶時代進行的千葉縣印旛沼工事圖中，則有兩名擔著挑棒走六町（約六百公尺）路運送泥土的工人，在三町處和另外兩人輪流換手的場面。比起一個人扛兩個畚箕，似乎還是兩個人擔大一點畚箕，運送量比較多。有趣的是，在背負泥土的工人旁邊有一段文字說明：「因為還不習慣用扛的，只好用背的。」可見得用挑棒運送才是一般的做法。

大山古墳主要也是使用挑棒和畚箕，大約一個人每天要運送二到三立方公尺的泥土。一立方公尺的泥土約等於一・四到一・六公噸。關於一個人每天能運送多少泥土，眾說紛紜；但因為大部分泥土取自古墳的周圍，就勞動條件而言，筆者個人認為是一天大約二到三立方公尺。

以國外為例，達爾文（Charles Darwin，一八〇九～一八八二，英國博物學家，進化論的奠基人——譯註）曾統計智利塔卡塔卡湖附近金礦礦夫用籠子從深坑背出的礦石重量，結果每次的重量是九十公斤、一天十二回，也就是一千零八十公斤。而且他們還得自己挑揀、挖掘礦石、爬上陡坡，十分耗費體力。

根據位於墨西哥烏西馬爾的馬雅文化祭祀中心所做的實驗，發現用鐵鍬挖土、運送一百公尺的距離、一天只工作五小時，仍有可能運送二・三公噸（約一・七立方公尺）的數量。

對古墳時代的人而言，這種又是挖掘又是搬運的土木工程，應該算是家常便飯的工作了。看在現代人的眼中可能覺得十分辛苦，實際去做或許也沒有想像中的困難吧。

一如57頁所提到的，最辛苦的工作就是挖掘泥土。尤其是要計算建造大山古墳需要多少人力時，只根據搬運泥土人數來計算總建造人力是不適當的。

昭和三十年（西元一九五五年）宮內廳的《書陵部紀要》五號發表了已故梅原末治的論文〈應神、仁德、履中三天皇陵的規模與營造〉。梅原末治在論文中發表了許多研究成果，其中根據宮內廳千分之一比例的測量圖計算，該古墳墳丘的體積有一百四十萬五千八百六十六立方公尺的數據，則成為日後研究的基礎資料。

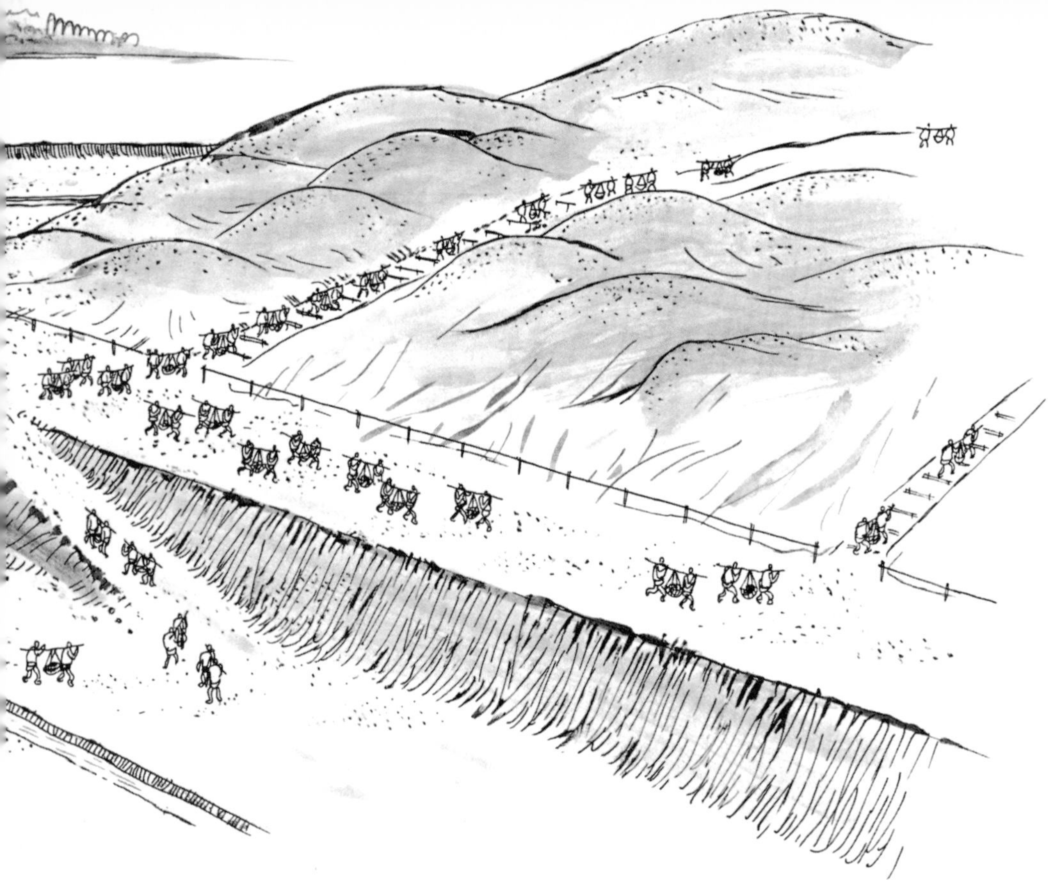

從採土場運土

建造古墳時會利用自然的小山，直接堆成墳丘；不過，大山古墳的墳丘卻是在平地堆疊泥土而成的人工作品。因為所有墳丘的土都是靠人力搬運過來的，數量非常龐大。根據梅原末治的計算，假如全都仰賴第一濠挖出來的泥土建造墳丘，就必須挖出平均深度十公尺的濠溝才行。

然而據說目前大山古墳的第一濠最深處是六公尺，至於是否一開始就是這種深度則不得而知。因為工程之初，在墳丘周遭挖掘太深的濠溝是很危險的，即便是現代的土木技術，將濠溝挖出的土在旁邊一下子堆高，泥土的重量也會造成鄰接地面的隆起。因此判斷目前這六公尺的深度，很有可能是後世為了強化灌溉能力，或是明治時代為了取得修補墳丘的泥土，又將濠溝挖深了也說不定。而這也成為日後大山古墳墳丘毀損的主因。

假設當初第一濠的深度就是六公尺，那麼挖出來的泥土量應該只有水深四公尺的量。因為根據其他古墳的挖掘實例來判斷，濠溝斷面的凹口並非挖成垂直的角

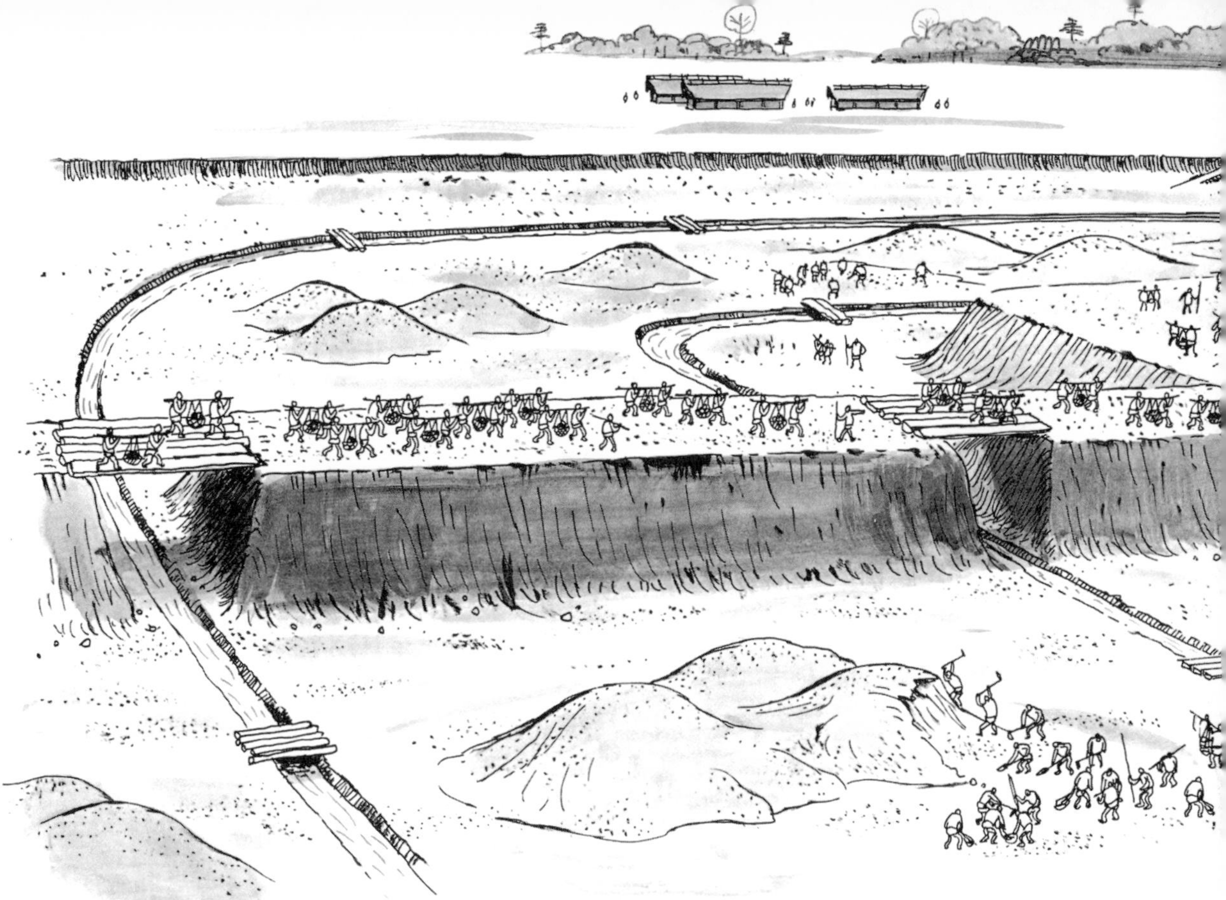

度，而是帶有弧度的U字型。就算也使用了第二濠的泥土，整座古墳所需的泥土量有一半仍必須從外地運來。

取得泥土的地點就在大山古墳西南方一處等高線內彎的台地斜坡。大林組的木村悌士先生認為採土場就在這裡。而且挖走這裡的泥土後，會加深段丘的斜度，使得眺望堺港時，會產生大山古墳更加醒目的效果。

於是，來自外地的泥土搬運工作也開始同時運作，因此必須在水平的基準溝上（目前的第二濠，此時的寬度還很窄）架上方便走路的踏板。由於第一濠一旦整個都挖深後，會不方便於搬運泥土，所以必須留下幾處地方暫且不挖，當作土橋供搬運工行走。土橋因為同時要讓許多人通行，必須要有相當的寬度。為了排水，一部分的土橋則必須挖深，並在上面架上木板橋。

提到前方後圓墳，總會令人聯想到左右對稱的工整形狀；但其實濠溝不但有土橋相連，甚至撤掉土橋後仍會留下突起的部分。當然其中也不乏後世增建的部分，這是過去所沒有注意到的細節。大山古墳腰部內凹的左右兩側有著兩個突起部分，這可視為當年土橋的底座。而筆者個人認為，東側還好，採土場所在的西側至少需要兩座土橋；但是西側因為有排水溝，內凹的部分應該不容易架設土橋。因此，筆者認為後圓部有兩道、前方部有兩道，合計共有四道土橋的想法或許比較合理。

挑著畚箕的工人一一走過土橋運送泥土，其中有很多是兩人一組扛著大畚箕。遠望過去，就像是連綿不斷的螞蟻行列一樣。泥土一送到就被傾倒出來越堆越高。

繼續構築下段、中段並確認水平

大山古墳的墳丘在明治時代曾經整修過（詳述於後），其實它原本建造為三段，下段距離現在的水面有三公尺高，構築時一邊留意是否保持水平一邊進行堆土。中段的前方部正面高十五公尺，後圓部高十一公尺。

這時斜面的角度維持在二十至二十二度之間繼續向上築砌，而且仍然使用水平的基準。當時的人們早已知道，墳丘輪廓線（a）往內側經過十格到達的位置（b），向上垂直四格的高度，將其前端（c）與a連接，就能求得二十二度的角度。實際上在操作時，a和c是以薄木板連接，角度更加確實。這十格和四格的單位可以是尺或尋，或是一百格和四十格也無所謂。

堆土時，中國流行用版築的方法，先豎立兩塊木板，然後將泥土倒進木板之間加以填實固定。版築法於古墳時代晚期傳入日本，主要地點是奈良，但運用期間很短。因為這種固定泥土的方法係根據華北質地較細的黃土所想出來的，並不適合日本的土質。

將泥土送至墳丘後，接下來要用平鋤、木耙（長方形木板上加有木柄的水田用農具）等工具將土推平，多出來的泥土則放進木箱或蓆子上拖著移動。因此墳丘的泥土不會像

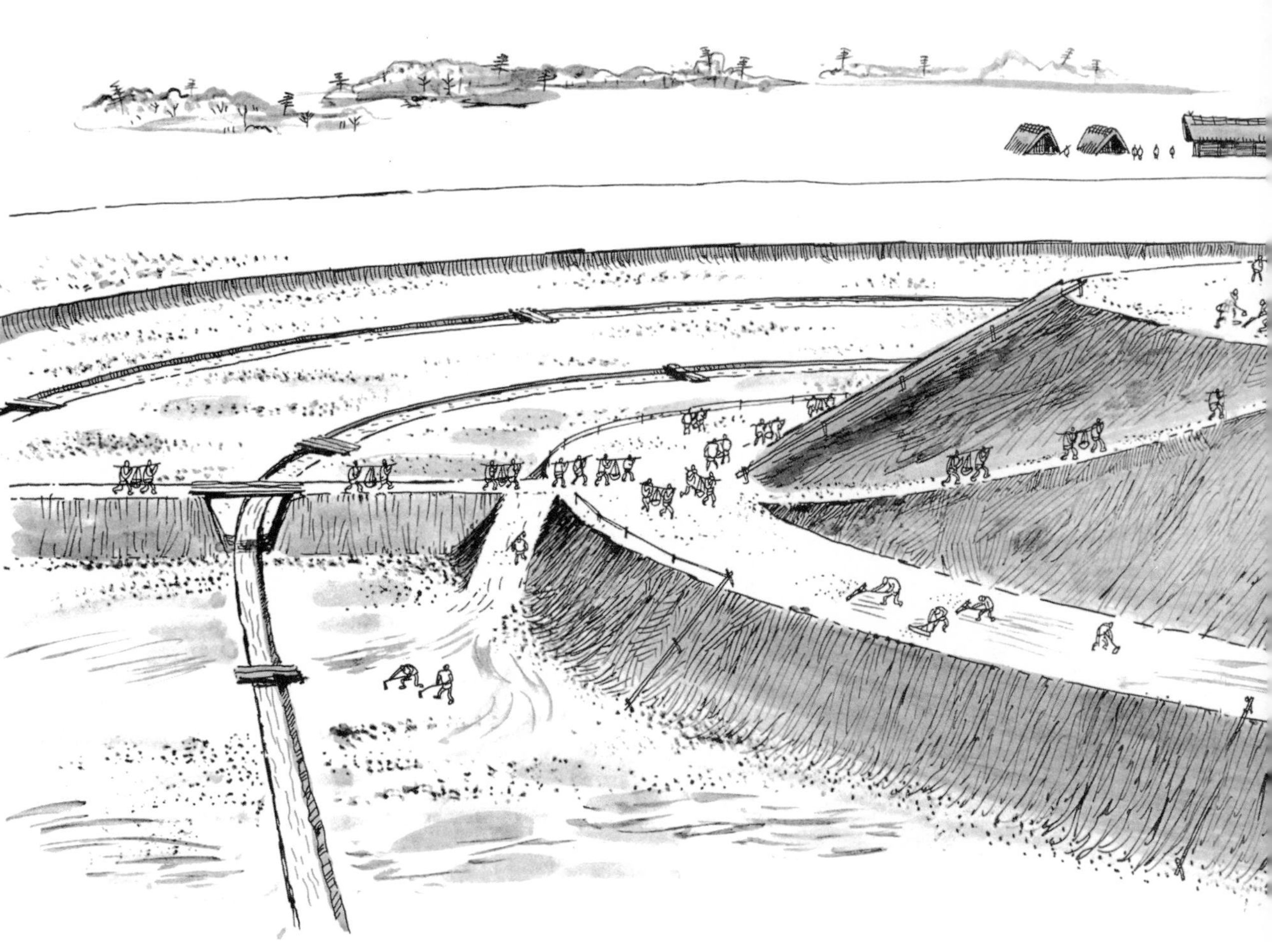

是樹輪蛋糕一樣有著整齊的紋路，而是切割成幾乎水平的較短單位一層又一層堆疊上去。這種將土推平的技術，隨著彌生時代水田文化的發達而根植於日本人的生活之中。這是另一個不用版築法的理由。

此外，斜面部分盡量選用優質泥土，踏實夯壓作出同樣的坡度。堆到下段的高度後，先檢查是否維持水平。根據打在各基準點的木樁，確認高度和距離。這時採用的是彌生時代以來就很發達的方法，將長方形的水槽注滿水，利用水面來確認水平。

整體工程的指揮所矗立於後圓部北方濠溝外的高台上。那可不是只用一次就棄置的簡陋高台，而是類似望樓（像樓閣一樣的高大建築）的堅固結構。古人肯定是站在那裡一一確認各重點位置的高度。筆者年輕時也曾拉起高於地面一公尺的細線，以保持遠距離處的同等高度。這時眼力好的人絕對會成為工程負責人的得力幫手。

◎連接abc求出斜線的角度

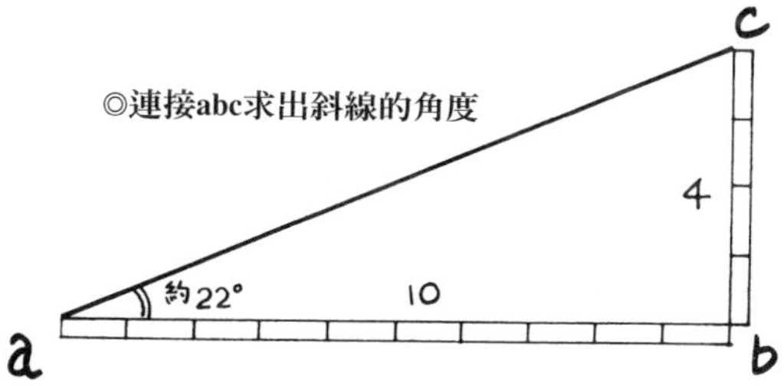

構築上段

上段部分的構築也是採用同樣的方法。後圓部的上面將築造成寬廣的水平平面（離水面約三十三公尺高的上段）。相對地，前方部則是從腰部的內凹部分往南端的最高處營造出緩慢傾斜的平面，形成前方部的上段（最高處約三十三公尺）。

根據筆者的經驗，段丘砂礫層的泥土只要堆上個兩、三年就會固定下來；因此和大山古墳同一時期的前方後圓墳，也完全沒有地質穩定性遜於版築法的疑慮，可說是拜這種花費時間慢慢堆疊泥土的工夫所賜。遺憾的是，我們只能確定大山古墳絕非一兩年時間就完成的急就章工程，其他的就不得而知了。

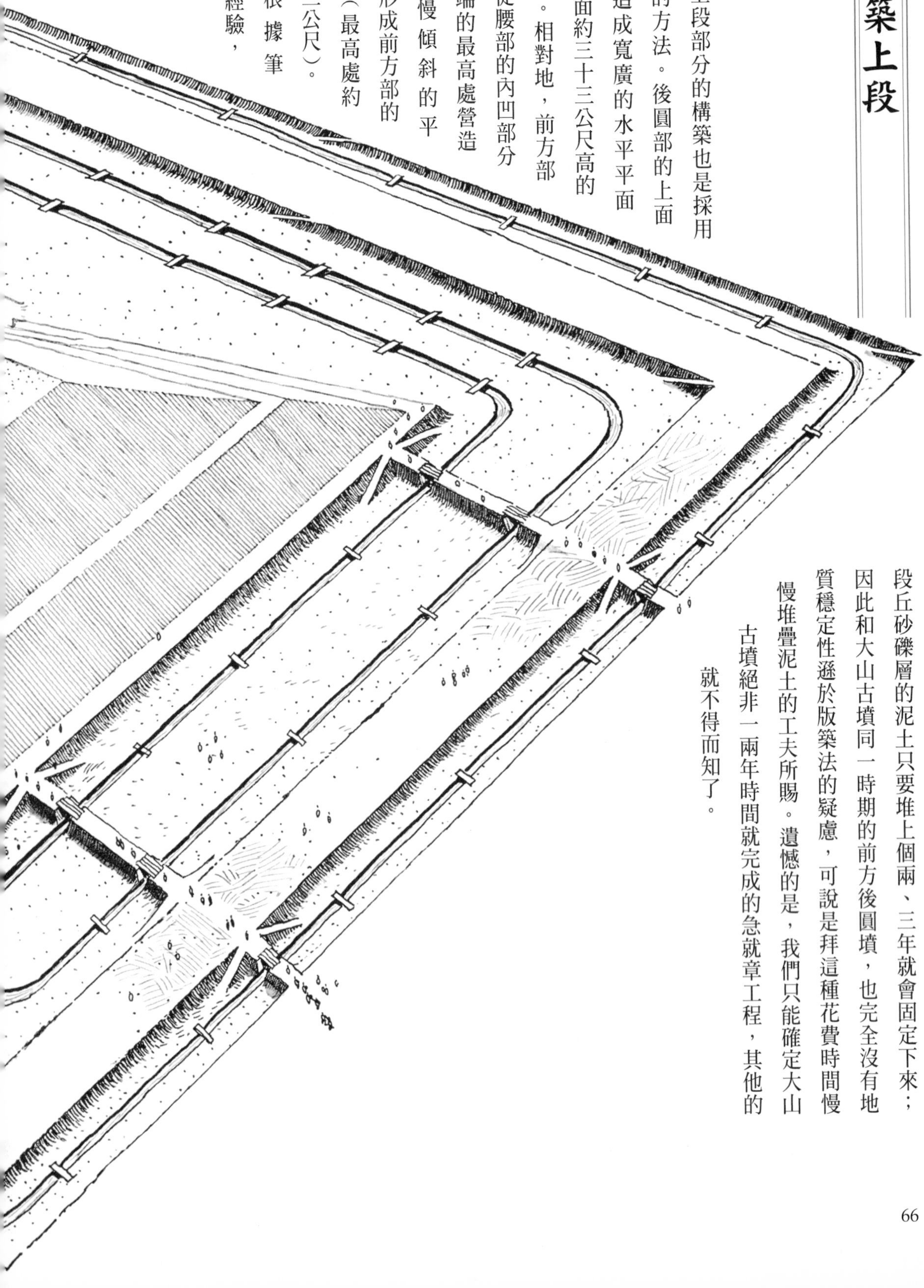

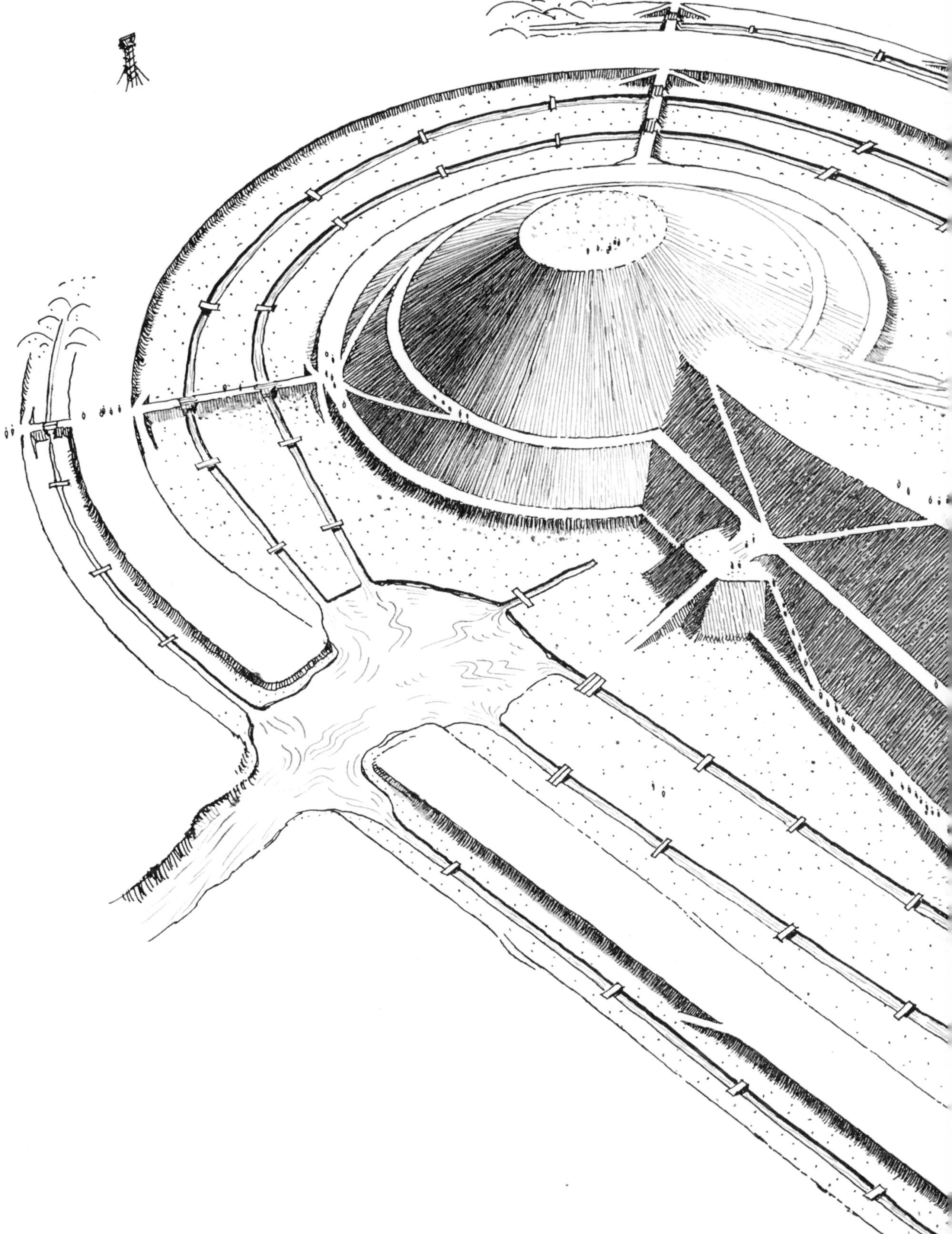

表面砌石

相對於各段平面的泥土是裸露的，斜面部分則完整地砌上石頭。建造巨大古墳沒有採用中國版築法，而是在斜面砌上石頭以鞏固墳丘，這可說是日本獨特的做法。砌石用的是相當於貓狗頭顱大小的石礫。日本古墳時代從前期到後期都可見到這種做法。這種砌石和濠溝都成為日本古墳的特色。

因此，從遠方的地面眺望巨大古墳時，會看到石頭表面的墳丘。搭飛機俯瞰時，則會看到中心是泥土，周圍是一圈石頭，然後是一圈泥土，接著又是一圈石頭，最後是濠溝的水面。

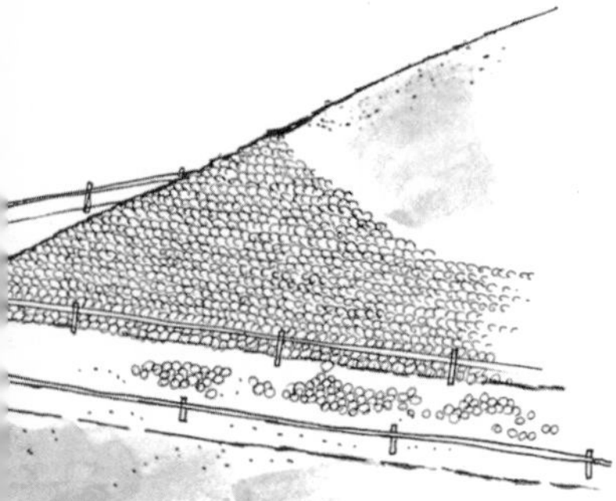

關於砌石的起源，有兩種看法。第一種看法認為，表面砌石呈現了在外觀上想模仿朝鮮半島高句麗積石塚的意識和傳統。第二種看法則認為，表面砌石是來自德島縣吉野川流域或瀨戶內海沿岸的設計。因為這些地方自古以來就流行日本古式的積石塚，不僅發現有初期的砌石古墳，源自古代的石工集團與使用石材的知識都很豐富。

至於大山古墳砌石所用的石材來自哪裡，因為無法實地調查，所以不得而知。但是前述的梅原末治論文中指出，當時在京都大學理學院松下進教授的鑑定下，後圓部的採樣是和泉砂岩、前方部的採樣是花崗岩。兩個部位使用不同的石材，的確頗耐人尋味。後面我們會提到，前方部曾在明治時代整修過，所以應該是當時所填補上去的新石材。那麼後圓部的和泉砂岩是否就是建造當時的石材呢？現階段暫且就認定答案是肯定的吧。

靠近大阪府南邊盡頭的阪南町箱作，因為是這種和泉砂岩的加工地和輸出港，從近世開始一直繁榮到現代。採石場位於箱作東南方兩公里遠的溪谷。雖然古墳時代的前期和後期也生產過石棺，但因為要切割出大型石材比較不容易，通常只是將石頭大致上劈開，主要提供作為石屋建材與砌石之用。

從箱作到大山古墳，大概是用船隻運送砌石。沿著大阪灣北上進入石津川，再改由人力搬運。這麼說來，就石津的地名判斷，這裡曾經是大量砌石集散地，應該一點也不足為奇吧。

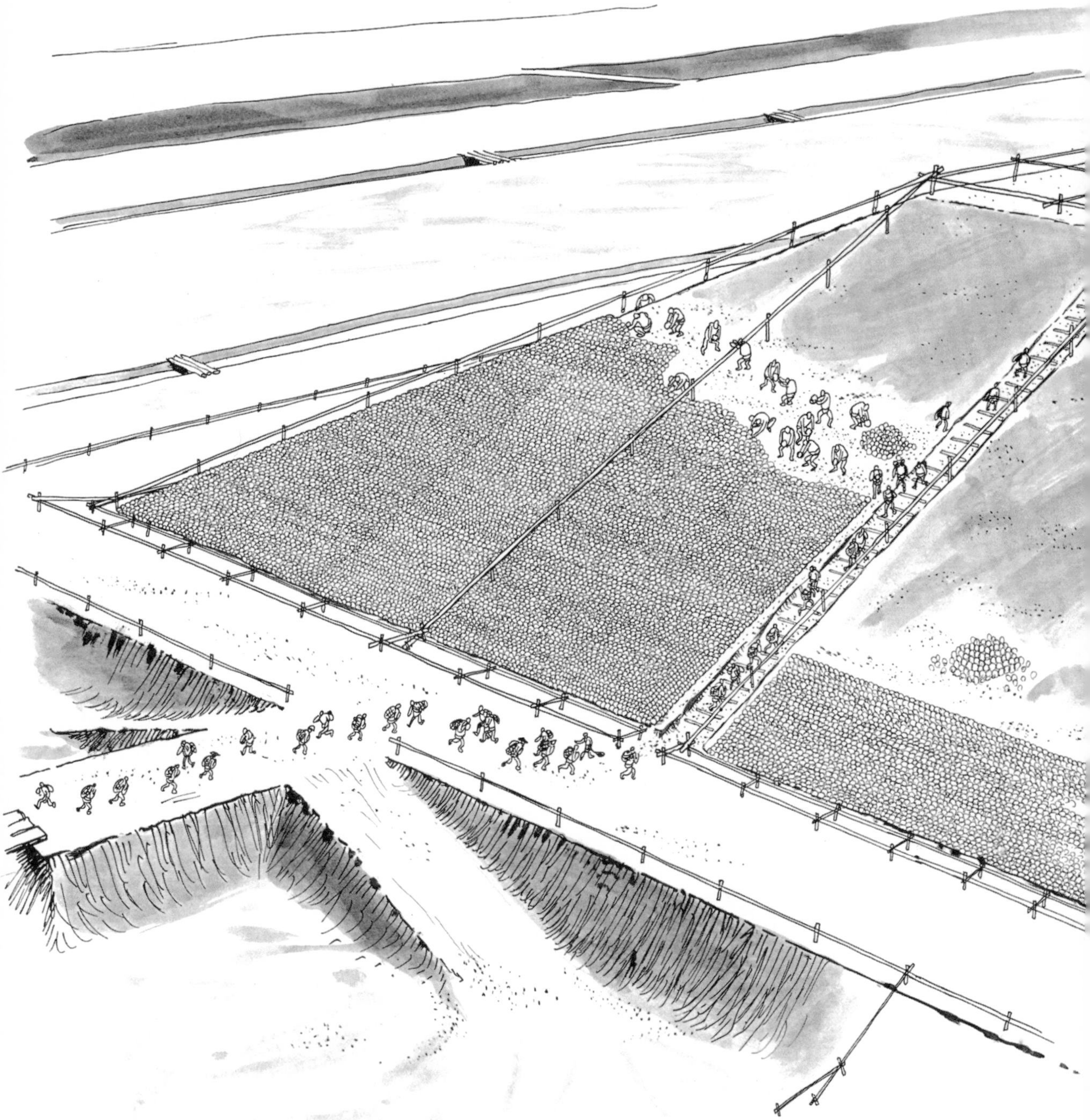

準備埴輪

大山古墳的墳丘蓋成三段，已日漸接進完工。但因為濠溝裡面還未放水，仍能像今天大樓建築的地下工程一樣繼續在地下深層進行作業。墳丘斜面有的地方已經砌上石頭，有些地方還是泥土裸露。在古墳的周邊則已經開始製作埴輪。

提到埴輪，大家印象深刻的是那些仿人物、動物、鳥、房屋、船隻等實物製作的形象埴輪；然而古墳時代，一開始幾乎都是大量製作圓筒埴輪和牽牛花形（壺形）埴輪排列在墳丘上。比較可靠的說法認為：圓筒乃模仿器台（放置石器的底座），牽牛花形則是仿製食器的壺。也就是說，它們是廣義的形象埴輪。

到了中期，古墳大量使用的有圓筒埴輪、牽牛花形埴輪和絹傘埴輪（仿造為貴人遮陽的傘形埴輪）。從各種巨大古墳的實例來判斷，基本上圓筒埴輪是排列在墳丘各段和土堤的內外側。上段墳丘每排列九個圓筒埴輪就在外側放置一個傘形埴輪。牽牛花形埴輪有時會夾雜在圓筒埴輪裡，但比例因各古墳而異（見78頁）。

圓筒埴輪的直徑約四十公分，左右間隔各約六公分。我們來數數大山古墳有多少個埴輪吧！首先上段的埴輪列總長度是七百公尺，共一千五百二十一個，其中傘形埴輪有一百六十九個。中段的總長度是一千一百六十二公尺，共兩千五百二十六個。假如下段也有，其總長度約一千四百公尺，約等於三千零四十個。此外，如果第一濠外側土堤的內外兩側和第二濠的外側土堤也都有排列圓筒埴輪，總計需要一萬三千七百四十個，這是梅原末治論文中的計算。

換句話說，隨便估算也得製作一萬五千個左右的埴輪才夠用。製作埴輪通常是在古墳群內的近處築窯燒製。甚至也有在古墳濠溝旁邊燒製，陶窯一旦功成便立刻除去，並將碎片、灰燼打掃乾淨的實例。在大山古墳附近，即百舌鳥八幡宮所在的梅町谷狀低地也發現了窖窯（有斜度且可燒出高熱的窯）遺跡。另外在大山古墳西側的相鄰地區也有窯場遺跡。不過供應如此巨大的古墳所需的埴輪，恐怕不是附近這些窯場所能負擔的。

事實上，根據三辻利一先生對土器胚土（材料用土）進行科學性的研究得知，有些古墳也會由其他古墳群的窯場供應埴輪；因此，大山古墳可能使用了古市古墳群窯場所燒製的埴輪也說不定。假如果真如此，那麼它是經由大津道等陸路運輸？還是利用水路從石川到大和川，然後出河內湖南下大阪灣的呢？筆者對此一運輸路線十分感興趣。

傳說埴輪是土師氏的始祖野見宿禰所發明的。《日本書紀》中提到：垂仁天皇皇后日葉酢媛過世時，野見宿禰提議「取埴作成人、馬等種種物品」以取代殉死（追隨過世主人自殺的習俗），並將這些土製品立在陵墓前。結果就成了後世的喪葬習俗，而那些土製品就叫做埴輪。當然這個傳說並不足以代表所有埴輪的源起。但假如土師氏的祖先確實發明了人和馬形的埴輪，筆者以為也不可能最先用於日葉酢媛陵墓所在的佐紀古墳群，而應該是在古市或百舌鳥的古墳群。

從龍山運出石棺

從建造大山古墳開始，已經過了多少歲月呢？《日本書紀》中提到仁德天皇陵從工程開始到完成一共花了二十一年。但筆者不認為這數據能實際反映出古墳時代中期的情形。因為七至八世紀的朝鮮半島和日本，關於大型寺廟的工程之建造期間，有著將工期定為二十一年的信仰。大概《日本書紀》的編纂者是為了因應信仰才這麼書寫的。

唯一能確定的是，建造古墳費時長久。中國習慣從皇帝即位的第二年起便開始建造陵寢。

在律令時代以前，軍制尚未完備的時代，可以營造大古墳的名義事先聚集民眾，遇到突發狀況時群眾也可作為戰士使用，因此大山古墳可能花了十到二十年，甚至需要三十年時間也很合理。

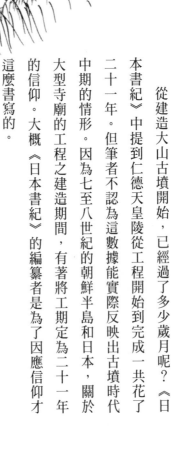

日本的巨大古墳，雖然規模龐大但結構並不複雜。它既不像中國的古墳設有地下墓室，安置在幕室裡的東西種類也不多。就結果而言，很少有古墳展現獨自的個性，也就是說看不出墳墓主人的喜好或信仰。因此那些不像大山古墳經過實地調查的墳墓，某些程度仍能推論出個大概。

以大山古墳來說，首先得準備的是墳墓主人的石棺。只要事先知道陪葬人員，也可以準備他們的石棺。從古墳時代中期起，各地的小豪族階級開始流行夫婦同棺合葬的情形。不過統治階層夫婦的同棺合葬仍屬少見，直到橫穴式石室普及的古墳時代後期，甚至到了期末，仍然以棺槨分開為主流。

因此，必須製作數個棺槨，大山古墳的棺槨製作雖然不是同時，據推測在龍山（兵庫縣高砂市）採石場至少訂製了兩具石棺，兩具都是長持式石棺（以大小石板六片組合的組裝式石棺）。因為在江戶時代不但發生過後圓部的石棺外露，還找到詳圖顯示平常不埋葬棺槨的前方部，也埋有相同形式的棺槨。而近畿一帶的高級長持形石棺幾乎都是以龍山石製作的。由此推測至

少有兩具棺槨的製作出自龍山採石場。

關於龍山石工集團，《風土記》記載他們是來自讚岐（香川縣）的羽若集團。的確就考古學來說，龍山石的開發比起香川的鷲山（國分寺町）石棺要晚，從古墳時代中期到後期才廣受愛用。近畿地方的石棺之中，有少部分是和泉砂岩所製。也有使用遠自九州阿蘇和九重山而來的熔岩，可以想見該墳墓主人和九州地區的關係匪淺。對於大山古墳，我們固然無法否定有其可能性，但大山古墳大多數仍是採用了龍山石。

在龍山為石棺進行的加工大約只完成八成便先送出去。由於在運送過程中容易受損，因此表面只做基本的切割。採石場尾端的石寶殿（日本三大奇物之一）正下方就是通往海洋的水路，石棺在此裝上木筏或船隻，運至堺港。

還好大山古墳的長持形石棺是六片石板的組裝式石棺，可以分別捆包運送。石室的天井大概也是採用龍山石，石材分裝上數艘木筏，應該是用船隻沿著海岸拖往堺港。只要能夠順利地通過五色塚所在的明石海峽，之後就能不受強風阻礙地安全航行。

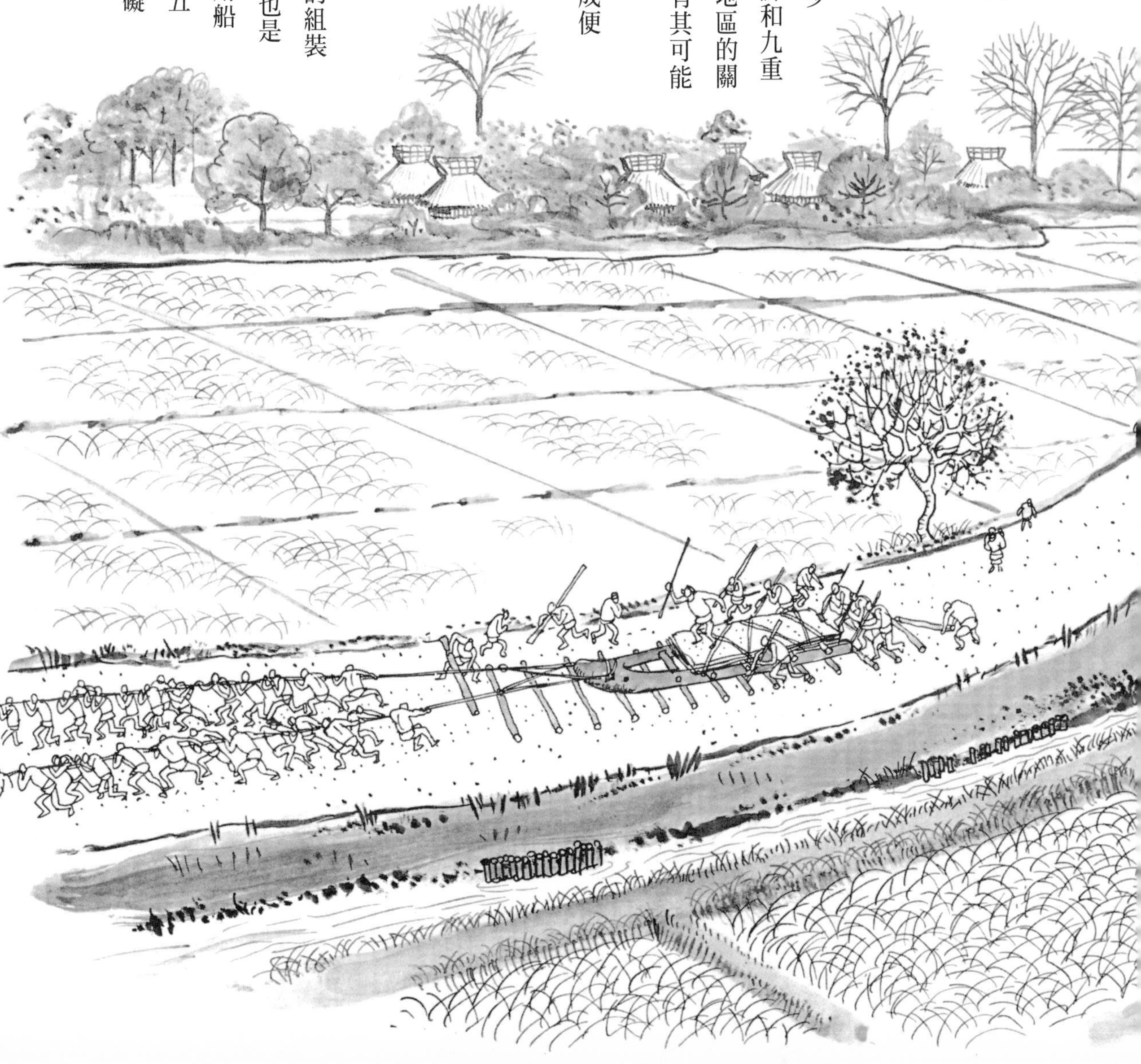

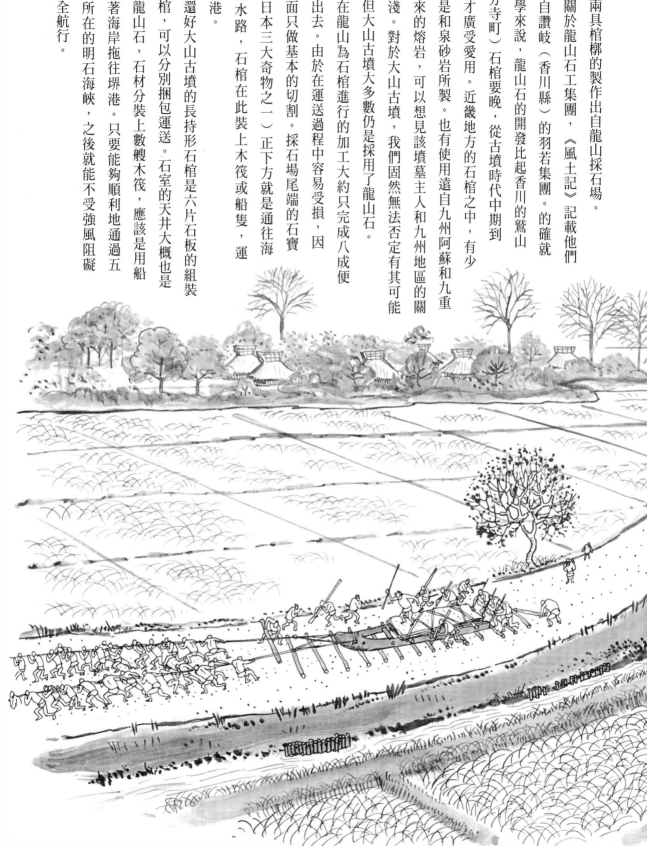

將石棺安置在後圓部並建造石室

從堺港到大山古墳只有很短的距離，但因為途中有溼地，必須先將沿途經過道路的路面強化之後，再將石棺放上大型的木橇（修羅）來運送。

好不容易石棺終於運送到大山古墳的西側土地，這裡因為將泥土挖作墳丘而變成一片低緩的傾斜地。來自龍山的石工開始進行石棺的細部修飾、磨光表面、演練組裝步驟。大量製作葬禮所需的勾玉和臼玉（斷面類似臼形的祭祀用小玉）的玉工也到此工作。這裡儼然就是一處臨時工作室的樣貌。

昭和五十三年（西元一九七八年），在藤井寺市仲山古墳附近的三塚濠溝底下，挖掘出大小兩個木橇和被認為是用來當作槓桿的樹幹。當時曾經按照同樣大小仿造該木橇進行實驗，證實就是用來搬運巨石的木橇。因為木橇出土地點就在河內土師氏的大本營附近，筆者認為該木橇應是土師氏所使用的土木工具。百舌鳥的土師氏肯定也是使用類似三塚出土的木橇。

在石棺細作工程進行的同時，後圓部上面也開始準備建設石室。既然說是石室，代表它是一個用石頭圍住石棺的保護設施。這個階段只是配合石棺大小挖出深兩公尺的墓穴而已。大山古墳的石室根據其他百舌鳥古墳群的前方後圓墳來判斷，應該是呈東西走向。

石室準備好後，再次利用木橇搬運石棺，從架在後圓部那一側的土橋送進墳丘內部，然後動作審慎地拉至後圓部上面。為了讓出這條穿越墳丘各段的運送路線，只好將該部分的工程留置最後才完成，路線經過的斜面也沒有砌石。

壓實之前挖好的洞穴地面土質後，便直接在洞裡組裝石棺。假如沒有事先堆土，石棺放下後才在周遭蓋上泥土，這會使得土質變弱，因此得先堆高泥土，幾年後再重新挖掘墓穴。石棺組裝好之後，周圍空出些許空間，用石頭堆疊牆壁蓋成石室，再排列幾塊龍山石石板作為天花板，這樣石室就完成了。這稱為豎穴式石室。

不過天花板上並沒有塗抹黏土

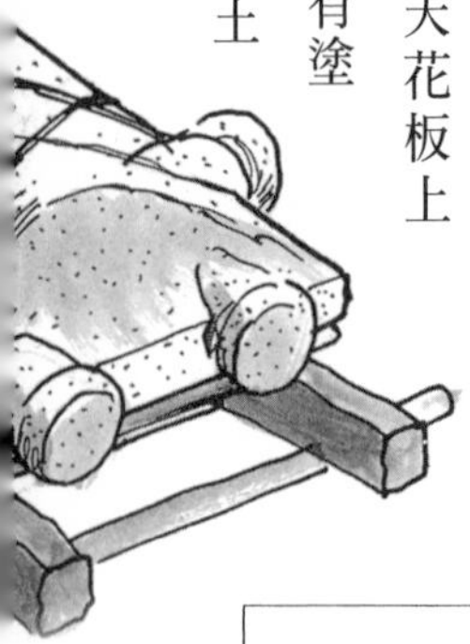

◎石室斷面

或泥土，好保護這個虛掩的石室，一直到埋葬之日到來。儘管作業全都完成了，那條運送石棺、石室建材的通路還是保持原樣不變。

巨大的前方後圓墳幾近完成

將墳墓主人的石棺放進後圓部後，便開始進行最後的加工。首先撤掉墳丘東側的土橋，砌上石頭。

濠溝一旦注滿水後就不方便整修，因此構築工事必須十分謹慎；尤其在水面和墳丘交接的水際線，必須砌上較耐水波拍打的大型石頭。此外，乾水期的水際線會下降，因此露出水面的部分也必須砌上石頭。當然土堤內側也和墳丘側砌有相同高度的石頭，但土堤並非堆土建造，幾乎都是挖掘段丘後依地形改造，因此沒有崩坍的疑慮。

圓筒埴輪的設置作業也同時並進。先打上小木樁，在木樁與木樁之間綁上細繩作為基準，排出相同

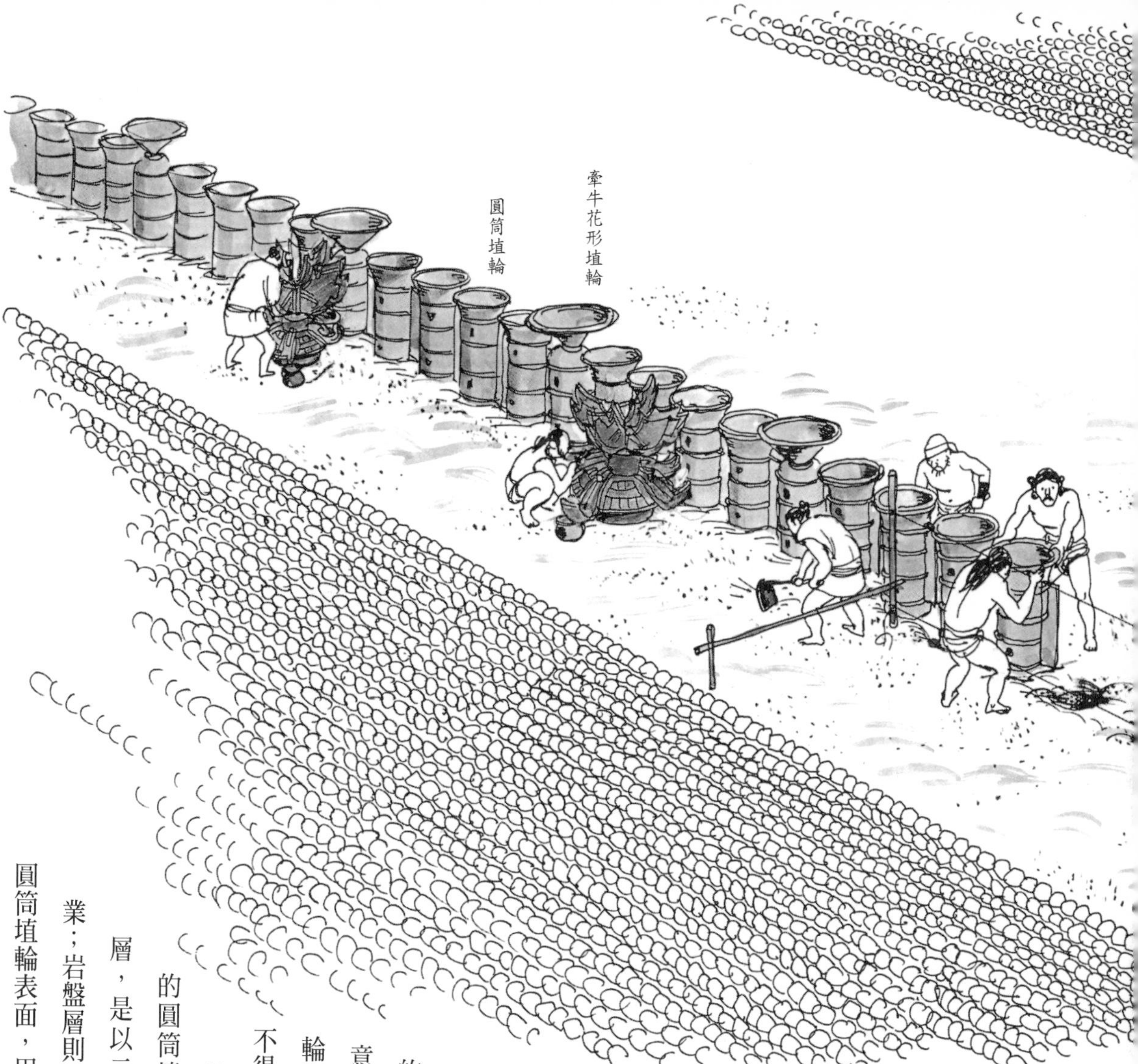

高度的埴輪列。可惜我們不知道大山古墳下段圓筒埴輪的排列方法，也不清楚其他巨大古墳的做法如何。目前根據位於水際線稍上方之岩盤層（天然而堅硬的地盤）和堆土形成之表土層的界線來推測，應該是將圓筒埴輪盡可能地埋在岩盤層的部分。這也是今後亟帶檢討的課題之一。至於墳丘的上段和中段，則是將圓筒埴輪放置在距離邊緣兩公尺遠的內側；上段還在外面加放傘形埴輪。圓筒埴輪之所以排列在相當內側的位置，有些看法指出是因為表土層的土質柔軟不如岩盤層來得穩固；也有意見認為是要留下空間好放置傘形埴輪。有關中段是否也放置傘形埴輪，則是不得而知。

放置埴輪時必須先挖好洞，將三分之一的圓筒埴輪埋進去。上段較容易挖掘的表土層，是以二十五個埴輪為一個單位進行挖洞作業；岩盤層則是一個埴輪挖一個洞來掩埋。排列好的圓筒埴輪表面，用刷子塗上紅色的氧化鐵顏料，讓整體

外觀看起來更加顯眼。

這時前方部西側的土橋也撤掉了，墳丘整體的最後工程到了緊鑼密鼓的階段。兩側內凹部分的突起處也開始砌上石頭、排列圓筒埴輪。由於突起處的平坦地面是將來舉行儀式的重要場所，因此須更用心地壓實土質。

墳丘已近完工，只餘後圓部西側的土橋和從西側土橋爬至後圓部上面的通路。工程進行到這裡，原作為水平基準的長溝已擴大，第二濠的建設工程也告結束。

另外在前方部南側還興建了一連串規則排列的扇貝式古墳，東邊和西邊的南方也都建立了圓墳和方墳。這些就是所謂的陪墳，每一座墳墓都排列著圓筒埴輪、砌上石頭，並且圍上空濠（沒有注水的濠溝）。

就這樣，一座草木不生的巨大白色石山矗立在百舌鳥野上。

陵園區開始有人定居

我們常看到這樣的形容：「古墳是古代人的墳墓，古墳所在的土地是死者寂靜的世界」。其實這種說法大概是受到現在墳場的印象所影響。前面已經說過，四到六世紀，也就是古墳時代的前期、中期和後

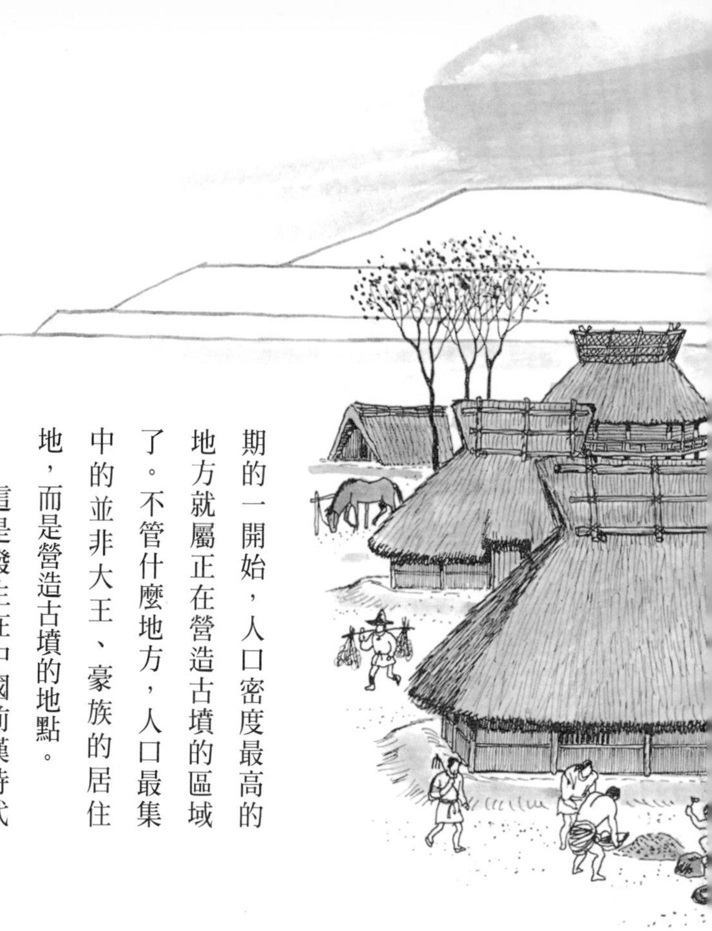

期的一開始，人口密度最高的地方就屬正在營造古墳的區域了。不管什麼地方，人口最集中的並非大王、豪族的居住地，而是營造古墳的地點。

　這是發生在中國前漢時代的故事。當時有個建造「陵邑」的都市計畫。皇帝在建造個人陵寢的同時，也強制民眾遷居到周邊，形成一個新都市。因此，皇帝將不會被埋葬在荒郊野外的墳丘裡，而是埋葬在日常生活熱鬧運作的塵世之中。可惜因為是強行建立的都市，過不了多久就變成了今日所見的風景——只剩下城牆包圍著一座大墳丘。

　日本的巨大古墳也有類似狀況。最近的考古挖掘，不只是以古墳為對象，還擴及了周遭的土地。結果除了古墳時代的集落遺跡外，許多製作玉器、冶鐵的工場遺跡也相繼出土。在大山古墳附近，除了發現有鐵器加工，還發現當時人們使用土器製鹽的可能性。藉由這些文物的挖掘出土，讓我們看到和印象中的死者世界大相逕庭的真實型態。

　百舌鳥古墳群，包含扇貝式古墳全部共有二十七座的前方後圓墳，其中至少有五座的巨大古墳。粗略推估應該是用了一百五十年的時間一座又一座地興建，所以不難想像其熱鬧的程度和中國的陵邑大異其趣。

　營造古墳的這一地帶，筆者用陵園區來稱呼。這裡聚集了政府官員、祭師、技術人員、工人、士兵、從事土木工作等各行各業的人們，創造出蓬勃熱絡的生活氣息。因此，古墳的營造一方面固然是用來誇示豪族的權力，但我們也不該忽視它展現了該地域的集團從無到有、朝著同一目標團結合作的精神。

　那些來自遠方從事挖掘和搬運泥土的勞工自是不用說了，許多技術人員和工匠在相繼參與古墳的建設工作後，應該也跟著定居在百舌鳥野的各地。就像土師氏一樣，在巨大古墳完工後，便以此地為根據地了。

整治陵園、派員守墓

大山古墳的整頓工作仍持續進行。該古墳的陵園範圍（兆域），根據《延喜式》（平安時代編纂的律令制典章規範——譯註）的記載是東西八町、南北八町（一町約一百公尺）；但實際上和外面的地界如何畫分則是不得而知。可以想像的是，可能築砌較低的土壘（堆土而成的壁壘）或土牆，也可能架設木頭柵欄。總之，墳丘周遭進行了一番整治處理。

陵園內不允許農耕、放養家畜等。然而到了後世，庶民百姓卻開始偷偷在此埋葬死人；甚至之後的時代，國家管理越見鬆散時，這附近便都成了農田菜圃。

陵園管理完善的時期，派有專門管理古墳的守墓人。守墓人住在古墳附近，隨時監視不讓閒雜人等進入大山古墳；此外還得打掃環境，遇到因大雨等導致自己無法處理的損害時，則必須向上司報告。

第一濠的水同時也用來灌溉附近西方低地約七十町步（約七十公頃）的水田。這固然是中世以來古人致力於提升灌溉能力的結果，但打從一開始便已具備一定程度的灌溉能力。筆者甚至認為受到水利之惠的農田，收穫應該會作為維持大山古墳的費用。

由是，大山古墳的陵園就在專人管理下保存至今。

接下來，筆者想敘述我個人對大山古墳的一項推測。

這項推測是有關埋葬在前方部的究竟是何人。明治五年（西元一八七二年），在推定為大山古墳前方部的下段和中段之間的位置挖掘出長持形石棺。一般都認為這具石棺埋葬時間在後圓部的石棺之後。可是後圓部在埋葬完大王後土橋就已經撤去，所以很難將石棺等東西運進墳丘內。如果石棺是在早於大王之前埋葬，土橋的問題就解決了。問題是埋葬在前方部下段上方的位置十分異常，既然一開始就會埋葬預定的人物，照理說應該埋葬在後圓部才對；可以想見這是一名出乎預期突然過世的人（而且是在大王駕崩之前），而且會埋葬在大山古墳，代表該名人物和大王的關係匪淺。

根據這些線索來推想，該名人物可能是後圓部主人（大王）之子，而且應該是個備受期待成為繼任者、勇武過人的年輕人；因為早夭，年紀還不到後世所謂的弱冠之年，只好緊急埋葬於大山古墳的一隅吧？為了不破壞正在營造中的墳丘，於是選擇在前方部的下段上方建造石室，埋葬這名死者；筆者還認為，這名年輕人的早夭加速了大王的駕崩，因此兩人的死亡時期（石棺的年代）幾乎沒有差別。這種推測是否太過於小說結局呢？

大王的駕崩與殯期

下令建造大山古墳的大王駕崩了。大王是根據自己的意志決定葬於古墳的。

即便是在今天，也很難決定用心臟停止還是頭腦停止活動來判定死亡。更何況對古代的人們而言，生死界線的區別更是不易明瞭。尤其情感上不願意接受死亡的心態是任何時代都共通的。

《三國志．魏書》的倭人傳和《後漢書．東夷列傳》的倭傳中，都記載了倭人處理死者的習俗。根據其中的記載：倭人在人死後，會先讓屍體停置一段期間不下葬。這段期間，和死者關係親近的遺族會嚎啕大哭、不吃肉等過著非日常性的生活；相反地，其他人則是歌唱跳舞、飲酒作樂。大山古墳的墳主過世了，應該也是以同樣形式大規模地舉行。從各地出土的埴輪中可以看到演奏樂器、跳舞和拿著酒器的人偶，想來應該就是表現這種場面。

這段期間稱為「殯期」。如果是在夏天，幾天之後屍體就會開始腐爛，發出惡臭，自然無庸置疑地確認了死亡的事實。因此，殯期是死者由生到死的過渡期；對家屬而言，則是看著屍體產生物理變化而不得不承認死亡的過程。殯期可說是人類智慧的產物。

《日本書紀》和《續日本紀》中所記載的殯期：孝德天皇兩個月、欽明天皇四個月、文武天皇五個月、敏達天皇長達五年八個月等不一而足，通常是在一年之內。大山古墳的主人因為古墳已經建好，所以殯期較短，大概只有兩三個月。一般認為殯期也是由土師氏負責主持。大王在生前會在宮殿裡設置殯宮，死後不久遺體會先安置在臥舖上躺著，直到發出腐臭味才移至木棺裡。

所謂的遊部，是在殯宮裡舉行祕密

儀式的集團。他們手上拿著刀和戈（一種柄上有斜出刀刃的長矛），一下子嘴裡念著咒語，一下子獻祭酒食以安撫亡靈；必要時還會出聲恫嚇。至於他們口中念的是什麼樣的咒語，文獻中則是未曾提及。來到殯宮的家人多半是女性。以大山古墳的墳主為例，包含近身服侍他的女性在內，應該有數十人過著不梳頭髮的禁忌式生活（避開某些事情與物品的生活）。

為了壓過屍體的腐臭味，古人會焚香並使用天然的冰塊。冰塊是冬天預存於冰室，蓄積一整年的量。《日本書紀》中有關仁德天皇的篇章也提到了奈良盆地東方山中的鬪雞（現在的都祁）冰室，其結構和截至最近我們在新潟等地所看到的幾乎相同。冰室的冰塊送進了殯期持續的殯宮裡，多少能降低室內的溫度。

將大王葬於大山古墳

過了兩三個月後，安置了遺體的靈柩終於從殯宮出發，在綿長的送葬隊伍中往大山古墳移動。不知當時是用人力轎子走陸路過去？還是搭乘船隻過去？來到目的地後就從大山古墳僅存的那道土橋來到後圓部的頂上，將遺體靈柩放進了石棺裡。為了讓大王的裝扮符合身份，還為他戴上項鍊、配上大刀；但因為屍體已經開始腐敗，裝扮的工作很難進行。這項任務大概是在從殯宮出發前由遊部所執行的。為求防腐，遊部唱著祈求生命復活的祈禱詞，並將大量的朱砂（紅色的硫化銀，一般認為品質比氧化鐵要好）灑進木棺裡。

蓋上石棺蓋後，會在石室內放置甲冑、武器、銅鏡、玻璃器皿等陪葬品。然後蓋上天花板石，塗抹氧化鐵顏料，再灑上一些黏土。然後在上面安置巨大的屋形埴輪，並以該埴輪為中心，配置大小建築物以仿造昔日的王宮。外圍則用盾、靭（將箭頭朝上收納的箭袋）等武器埴輪排列成方形。

埋葬完成後，參加葬禮的人會前往古墳中間腰部的突起部分，在那裡簡單地用餐喝酒，並將用過的土器集中留置在一處。最後只剩下撤除通路，重新排好埴輪和砌石，以及撤除土橋的工作了。

這一天以後，就算是大王的親人也只能站在濠溝外悼念死者，除了巡視的守墓人以外，其他人不得進出墳丘內。

從海上眺望大山古墳

大山古墳完工了。

在這之前，在大阪灣沿岸，也就是向來自新羅的使者舉行獻酒儀式的敏馬浦（神戶市）東邊，排列有三座古墳，一向都十分引人注目。由於東西兩座古墳的前方部都面對著中間的處女塚，於是相傳從前有兩名男子苦戀一名少女而死的悲戀愛情，《萬葉集》也有相關的詩歌。

然而，現在更讓那些海上人瞠目以望的是大山古墳。緊接著北邊的田出井山古墳、南邊的百舌鳥陵山古墳，矗立於台地邊緣的大山古墳，砌石在巨大的墳丘上發出耀眼的光芒。

不論是瀨戶內海沿岸的人，或是從九州搭船而來的人，還是從日本海沿岸經關門海峽東進瀨戶內海的人，或是搭船來自朝鮮半島和中國等地的人，只要

是以住吉之津也就是堺港為目的地，晴天穿越明石海峽時，白色閃亮的大山古墳就是最好的目標。

更何況，大山古墳可說是日本列島最大的前方後圓墳；換個說法，在四到六世紀之間，它是東亞世界規模最大的人造陵墓。因為處於從港口可見的位置，不只是來自全日本各地的人們，就連來自國外的人們也會看得目瞪口呆吧。

當然，日本其他地區也會將古墳設在海角、小島等和海洋有關聯的地方，但都只是小型或中型的前方後圓墳。在朝鮮半島和中國，則是流行將大型古墳興建在離海洋較遠的平原上，也難怪人們頭一次看到大山古墳的雄偉英姿時會那麼驚奇了。

從港口眺望大山古墳，正好可以看到墳丘最長部分的側面。或許有人會問「那種形狀代表什麼意義呢」、「為什麼要築造成那種形狀」，其實在那個凡事重視傳統的時代，這些疑問恐怕是沒有答案的。

堺港的維持日趨困難

堺港、大津道和大山古墳乃是基於一個雄偉的建設計畫，分頭施工營造的。營造工程結束後，大山古墳頂多只是有些整修工程，還算容易管理。但是堺港的實際維持工作，就不如計畫般的順利了。

堺港雖然符合潟湖港的條件，但是一如長峽之名，因為潟湖過於狹長又淺，儘管投注許多人力仍無法改善成為良港。通往海洋的水路，一遇到颱大風便擱淺，造成管理港口的津守許多困擾。為了加深水路，他們使用鋤簾（將四、五公尺長的竹竿前端作成半圓形的淺篩）清除附著在船身上的泥沙。

儘管努力維持港口的運作，然而堺港的面積畢竟狹小，無法同時供數百艘船隻停泊。而且對彌生時代以來習慣水路行舟的日本人而言，也不太適應在堺港下船後改走陸路到國府的方式。換句話說，這種「能行舟（船）處且行舟（船）」的倭人習慣，和中國江南是共通的交通方式。

營造大山古墳的時代，雖然已經有了國際觀的意識，但並非首要之務；重點還是放在外觀雄偉的大型土木工程上。唯一能確定的是當時絕非戰亂頻仍的時代。

然而內外政治狀況的變化還是讓當時的人放棄維持堺港，重新檢討建設取而代之的良港。

開鑿上町台地，建造新港口

大山古墳營造後的一百五十年或兩百年的西元六五九年，津守連吉祥等人經派遣前往中國。有關當時航行的狀況，可由同行的伊吉連博德的日記得知。

海上航程十分辛苦。從難波的三（御）津浦出發，經瀨戶內海由筑紫（九州北部）離開日本列島，然後再由朝鮮半島南端某個不知名的小島直接橫越東海。同行的一艘船遇難，津守連吉祥所搭的船抵達了越州會稽縣，幾天後又轉往餘姚縣。越州、會稽、餘姚等在考古學和中日交流史上都是常見的地名，可說是江南的政治文化中心。

大抵從彌生時代以來，日本人都是以越州為目標，渡海前往中國大陸。尤其是五世紀的倭王讚、珍、濟、興、武等遣使到南朝，應該也是以越州為目的地。越州的會稽有中國數一數二的良港：寧波。寧波不是一座潟湖港，而是距離甬江河口約十五公里遠、位於河川左岸的港口。

西元六五九年抵達越州的津守連吉祥，大概跟管理難波三津浦的家族有所關聯。我們不妨發揮一點想像力，他的祖先甚至可能就是掌管住吉之津，也就是堺港的管理負責人。所以才有機會成為遠渡重洋的技術團隊一員前往越州，得以有機會比較寧波這樣的河港和潟湖港的不同。

我們不知道這是不是出自津守氏的直接提案，古人決定在靠近上町台地前端開鑿一條寬約五十公尺、長約兩千公尺、東西一直線的渠道。主要目的有二：一是經由該渠道可讓河內湖的水排出大阪灣而趨於安定，以避免湖岸耕地遭受洪水之害。二是將開鑿台地而成的河岸作為如甬江畔的寧波良港使用。如此一來就能擁有取代堺港的新港口了。一般認為這就是今天流經大阪市的大川（舊淀川），在《日本書紀》中則是稱為「堀江」。

大川的開鑿固然是件大工程，但畢竟具有比較不用顧忌河岸的崩塌、日後也容易維護等優點。實際上到了後世的江戶時代，諸藩的倉庫都集中在大川兩岸，依然發揮其河港的功能。回溯歷史，石山本願寺、大阪城等也都包圍著這座人造河港。當年織田信長攻打石山本願寺時，寺廟中人就是靠著船運來的物資才能抵擋織田信長的攻擊。歷史繼續往上溯，七到八世紀的難波宮也和該河港有所接軌。

開鑿大川的當時，應該是將港口設在左岸，作為貿易和交通的中心。之後規模日益擴大，一直持續發展到後世。我們不知道當年的港口如何稱呼，出現在《日本書紀》中的難波高津宮，似乎已明顯道出該港口乃是開鑿上町台地，所以比一般碼頭要高的地形了。

對挖掘難波宮遺址貢獻許多熱情的山根德太郎，也認為大川就是難波津。筆者從地形特色來看，也認為被稱為「高津」的可能性很高。《萬葉集》也有充滿國際性氣氛的詩歌提到：「堀江」附近有許多國外和日本各地的船隻穿梭往來，讓讀者在腦海中浮現有別於古代史的難波宮印象，而是一個因為通商貿易而繁榮興盛的港都樣貌。大川之前的堺港肯定也有過類似的光景吧！

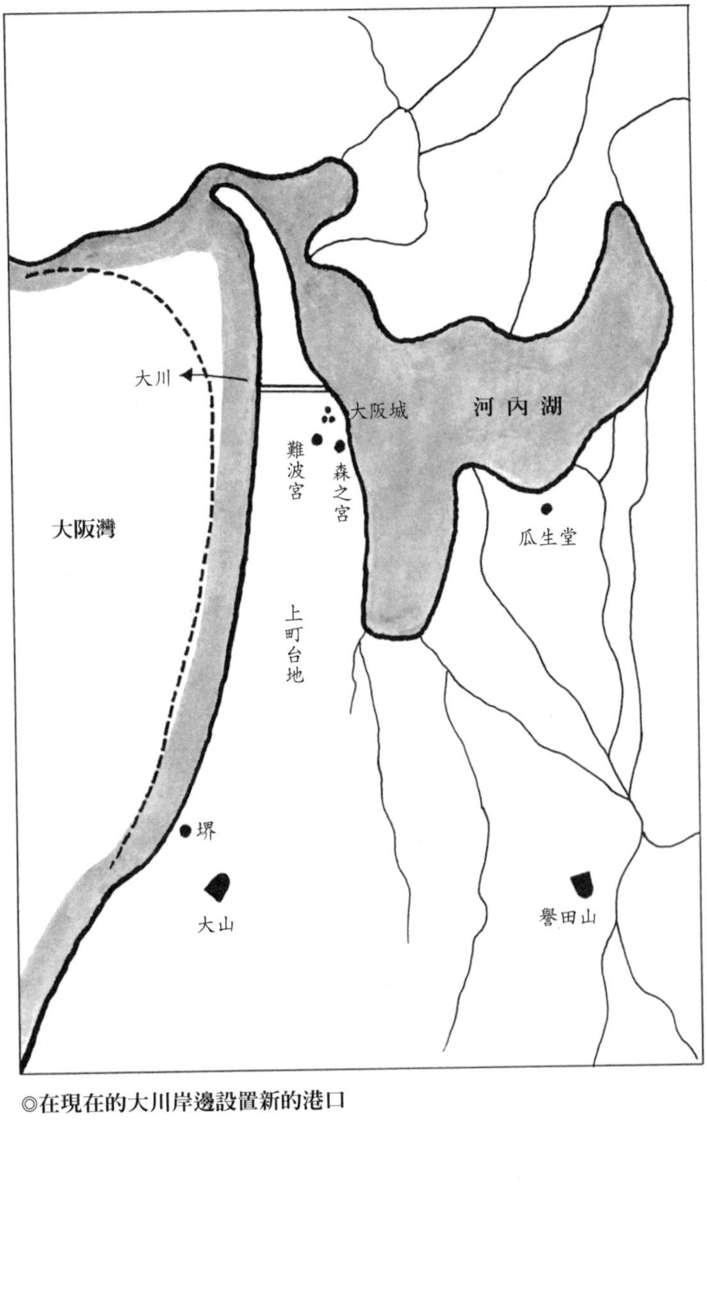

◎在現在的大川岸邊設置新的港口

在難波津興建四天王寺

營造大山古墳的故事說完了，但是，讀者心中或許會產生一個疑問：既然大山古墳是相對於堺港的一個政治性建築物，那麼，相對於大川港的類似建築物又是什麼呢？

大阪市內的上町台地有帝塚山、御勝山等前方後圓墳，既不位於大川附近，規模也稱不上是巨大古墳。或許在現在的市區還存有大型的前方後圓墳廢墟也說不定，只是應該還不至於具有大山古墳的等級。

回過頭來仔細想想，巨大古墳的營造在中國是流行於秦和前漢時代的習俗。這個採納江南智慧開鑿大川而成國際性港口，卻還致力於延續那種過時的習俗，似乎有點說不過去。針對這一點，企圖遵循傳統建造巨大古墳的土師氏集團和國際派的津守氏集團之間，大概有過激烈的爭論。

「不如建造寺廟，豎立比巨大古墳更聳立天際的寶塔」，在有人提出這樣的意見之前，中間經過了很長的時間。在當時為了迎接來自隋、高句麗、百濟等國家的外交、通商使節，早已於難波設有客館；所以這是個很重要的提案。而且在港口附近建造巨大的伽藍（大規模的寺廟建築群），也是基於過去在港口附近營造巨大古墳的想法而生。

於是就在上町台地的一隅建造了四天王寺。由於建築的配置首重五重寶塔，形成了眾所週知的四天王寺式伽藍配置。寺廟的主要象徵是高高聳立的寶塔，同時也成為高津（或稱為難波津）的港口象徵。《日本書紀》一書記載四天王寺的興建始於西元五九三年。

關於四天王寺，有些書籍提到一種傳說：一開始的位置是在玉造東岸，短期間後才遷移至現在的地點（難波宮南方）。玉造在難波宮的東南方，有和大川銜接的港灣，其前端就是前面提過的豬甘津。如果這個遷移的說法能獲得證實，就更能確定港口和四天王寺的關係了。

難波津（高津）取代堺港一登上歷史的舞台，其地標象徵也從巨大古墳轉為大伽藍。這也代表了日本為了因應新的國際社會所作的轉變。而四天王寺直至今天仍是難波、大阪的重要象徵！

解說

◎明治時代出土的「僅存頭部的女子」埴輪

森浩一

❖營造大山古墳的史料與傳說❖

筆者在本書中詳盡敘述自己對大山古墳的諸多想法，但仍有一些地方必須在此補充說明。

編纂於十世紀初期的《延喜式》有下列的記載，可以確定所寫的就是大山古墳：

百舌鳥耳原中陵難波高津宮御宇仁德天皇／在和泉國大島郡北域（陵園）／東西八町南北八町陵戶五煙

律令制度中，掌管陵墓的是隸屬治部省的諸陵寮（司）。今天我們所看到的主要陵墓清單完成於十世紀。然而其雛形或許可追溯至更久遠的從前，其內容是否能溯及古墳時代後期就不得而知了。換句話說，奈良時代、平安時代所註明的某座古墳受葬者姓名，並不一定就能保證是該墳墓原來的墓主。

例如譽田山古墳從平安時代以來就當作是應神天皇的陵寢信仰；但《古事記》有應神陵的記載，《日本書紀》卻不見陵墓營造和埋葬的紀錄。關於這一點，文獻史學者直木孝次郎提出了應神天皇和仁德天皇本來就是同一位天皇，只是後來被分化的說法。如此一來，就必須證明這位天皇是實際存在的。畢竟它不像大山古墳，可以直接引用《延喜式》來證明是仁德天皇的陵墓。

有關證明受葬者身分的問題先擱置一旁；其他提及大山古墳的文獻還有很多，且讓我們整理一番。

《古事記》（以下簡稱記）和《日本書紀》（以下簡稱紀）中關於仁德陵的記載都收錄在仁德天皇的篇章。記中僅稍微提到天皇崩殂和「御陵位於毛受耳原」而已。紀中則是提到天皇六十七年，「幸河內石津原定為陵地」，後面還寫了一段不可解的傳說：「築陵之始，是日，野中忽有鹿起，走入役民中，仆死。時探其痍，即百舌鳥，出耳飛去。因視耳中，悉咋割剝。故號其處，曰百舌鳥耳原，是其緣也。」由於古書沒有對這篇文字內容提出合理性的解釋，筆者個人的看法如下。

和紀同樣的天皇六十年，傳說身為勞役的白鳥陵的陵守化為白鹿逃逸。這些人原本歸土師氏管理。此外，在百舌鳥古墳群東側黑姬山古墳出土的圓筒埴輪上方發現用竹片雕刻的鹿，推測應該是代表該地區埴輪製作集團的圖紋，但也有可能是代表從事古墳建造之技術集團的某人。

另外，和紀同樣的天皇四十年，提到一段這位天皇之子隼別皇子的故事。他是仁德天皇（大鷦鷯皇子）的異母弟，兩兄弟因為一名女子而鬩牆。有人比喻說「鷦鷯和隼鷹誰會先飛呢」。鷦鷯是三十三才鳥的古名，動作敏捷，捕蟲而食，形似百舌鳥。

因此，如果前面的傳說提到百舌鳥其實就是鷦鷯，那麼耳朵被咬碎的鹿就相當具有象徵性了。

在《萬葉集》有名的乞丐詩中，有段鹿以自己身體部位比喻對人類的貢獻，「吾耳乃御墨坩」，亦即技術人員所使用的墨斗。如果傳說中出現的鹿是營造古墳的技術者，深受技術者重用的墨斗（耳）被咬爛了，那麼這個傳說的寓意也就容易理解了。

看來鹿耳被咬爛的故事背景，可能意味著營造古墳的時候，發生了什麼事件是土師氏的技術所無法解決的。

❖幕府末期和明治的濠溝工程❖

筆者小時候住在南河內的鄉下地方時，常聽人說「狹山池的水通往大山（仙）池」。大山池就是仁德陵的濠溝。如果這種說法源自於大山古墳建造當時，筆者不禁興奮地揣想：從狹山池開鑿的年代就能推論出大山古墳的年代。

狹山池位於南河內郡狹山町，是在大山古墳東南邊八．五公里遠、面積四公里的大池。該池乃築堤在泉北丘陵和羽曳野丘陵之間谷地的蓄水池，須惠器窯址群就在其東側，因而狹山池的內側斜面也有幾處陶窯遺跡（現在已經沒有了）。調查結果發現六世紀後半還盛行燒製須惠器，之後卻突然嘎然停止成為廢窯。大約是在廢窯時期，才建設此一巨大的水池。筆者個人認為，可能是在開鑿大川的同時，因河內湖周邊尤其南岸一帶是傳統農地，為了灌溉乃開鑿此一大蓄水池。在十八世紀初期大和川實施改道工程之前，狹山池的水可以到達大阪市的平野區。因此記中雖然提到狹山池建於垂仁天皇時代，但恐怕是編纂者因某種歷史觀的因素故意將年代提早。

目前大山古墳的濠溝有三道。第三濠在後圓部側因為和陪墳衝突而迂迴，

◎《和泉名所圖繪》卷一之大鳥郡

顯得很不自然。這是明治三十二年（西元一八九九年）至三十五年進行的維修工程才改成現有的三道形式，並非原來的樣貌。當時甲午戰爭剛結束，日俄戰爭正要開打，明治政府為了宣揚國威而致力於整修「仁德陵」。知名的「僅存頭部的女子」埴輪就是在那次的工程中出土的。報導這項消息的明治三十三年七月三日《大阪每日新聞》寫說：「堺市東郊的大仙陵在宮內省諸陵寮規畫的整修工程中新設三重濠溝……」，可見得現有環繞三道的濠溝，並非本來的形式。

另外一個和原來形式不同的是環繞在第一濠和第二濠之間的土堤。該堤原本在樋谷側五十公尺處便嘎然停止，第一濠和第二濠在此交會，形成一片水面。第一濠的水是作為灌溉用，所以理所當然。到了江戶時代初期仍保存此一形式，大概也是古墳營造當時的形式。

可是江戶時代末期，在尊王攘夷的風氣中，幕府推出的朝廷政策之一就是修築天皇陵。這個史稱為「文久修陵」的工程，與其說是復原古墳，其實重視的是整修的效果，整頓重點完全著重於祭拜地點的前方部側和濠溝的整建。

該項工程從文久二年（西元一八六二）到翌年。一向引用大山古墳濠溝水的農民哀求請願：「土堤中斷乃是自古以來的形式，希望能維持原貌」，但幕府還是像今日所見一樣以石材為暗渠，將外觀做成了環繞的長堤。從此濠溝水就難以被利用了。江戶時代有過兩次使用狹山池水的紀錄，每年都有要求使用狹山池餘水的請願運動。

❖前方部石室的發現❖

明治五年（西元一八七二年）九月，大山古墳前方部出現了一個豎穴式石室，裡面安置有長持形石棺。這項發現幾乎所有跟古墳有關的書籍都會介紹。由於當時是九月，推測是因颱風帶來的大雨使得墳丘崩塌，石室外露。但根據筆者調閱當時的公文，發現應該是有計畫的挖掘結果。此一看法已發表於拙著《巨大古墳的世紀》（岩波新書）。

明治五年之時，擁有大山古墳所在地的大阪府南部仍隸屬於堺縣。縣政府所在地也在堺市。當時的縣令（縣長）就是對考古有興趣，到處挖掘古墳的稅所篤。稅所篤歷任新政府要職，晚年還擔任過元老院議員、樞密顧問官等高官，薩摩藩（現在的鹿兒島縣和一部分的宮崎縣——譯註）出身，和大久保利通（一八三〇～一八七八，薩摩藩出身，明治維新風雲人士——譯註）等人有深交，一如司馬遼太郎（一九二三～一九六六，大阪人，小說家——譯註）在小說《宛如飛翔》中所寫「爾等為了天下，盡力去做吧！金穀之事交給我處理」。這裡的我當然指的就是稅所篤，爾等則是大久保和西鄉隆盛（一八二八～一八七七，薩摩藩出身，與木戶孝允、大久保利通並稱維新三傑——譯註）。換句話說，稅所篤擔任堺縣縣令，和過去織田、豐臣、德川等歷代政權直接統治堺縣可說是一脈相承。

有關明治五年的挖掘行動，本書沒有提及其動機和經過。由於大山古墳變成被鳥屎所污染的鳥巢，四月份提出了打掃的申請，而在打掃過程中發現了石室。然而在對政府的報告中，卻用石櫃的字眼取代石棺，很不合理。根據筆者的挖掘經驗，該報告充滿了疑點，令人懷疑應是有計畫的挖掘才對。政府似乎也很困擾，翌年完全沒有提到石室，而是以掃除工作完全沒有進行為由，撤除了墳丘內的臨時木屋和小船。

當時挖掘到的石室圖現存於大阪市立博物館（原為堺市富商岡村家所藏）。那是正巧參與文部省社寺寶物調查的大阪畫師柏木政矩於九月七日畫的，另外他還畫了石室出土的甲冑圖。對照這兩張圖，可知陪葬在長持形石棺周遭的有甲冑、鐵刀、玻璃器皿等物品。甲冑是鍍金的短甲（用鉚釘固定或皮繩連接金屬片製成的盔甲）和眉庇付冑（正面有帽舌、頭頂有突起的頭盔），甲冑上還掛有走路時會搖晃的「步搖」裝飾。

美國波士頓美術館收藏有自古聲稱是仁德陵出土的銅鏡和環頭大刀的豪華刀柄。令人懷疑的是這些恐怕也是明治五年的出土文物，甚至就是從石棺中取出的。有趣的是，稅所篤於明治五年曾經矛盾地表示：「仁德時代還沒有石棺」、「甲冑也是後代之物，石室裡面有的並非石棺而是裝有寶器的石櫃」。事發三年後的明治八年，他又有完全不同的說法，也就是他對落合直澄（國學家）說的那番話：「從甲冑製作精巧、石棺的氣氛莊嚴來判斷，應該不是尋常人等，甚至有可能是天皇之物。由於當時有皇子的叛變，所以才沒有葬於後圓部，而藏於前方部吧。」看來明治五年應該出了什麼事，所以不得不遮掩事實，相信這個謎底將來會水落石出。

❖前方部的整修工程❖

研究日本古墳的希區考克，於一八九一年在美國雜誌上發表其研究成果。希區考克在文中提到：「成為天皇陵的前方後圓墳被政府加以美化改造實為一種不幸，因為破壞了古墳原有的特色」。

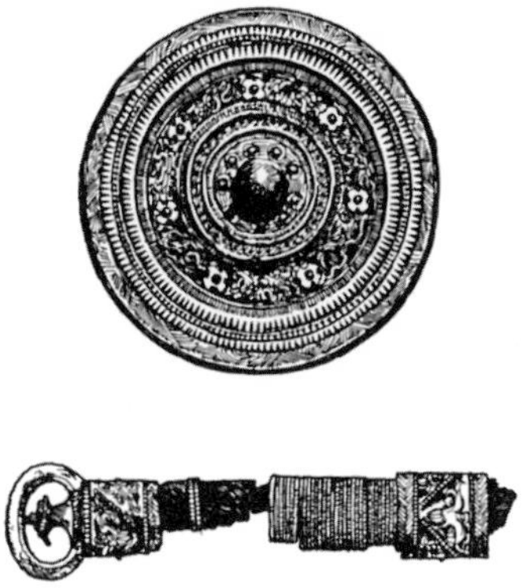

◎銅鏡和環頭大刀之刀柄（波士頓美術館藏）

這是個直到今天仍然說得通的敏銳觀察，然而學界無視警告，始終相信宮內廳測量圖中的墳丘就是古墳時代的原貌而進行研究，其結果當然是無功而返。

對於大山古墳，希區考克認為那些石牆、燈籠、牌坊（鳥居），甚至連步道都不是原來所有的。目前位於前方部的祭拜所和牌坊是幕府末期所設的；像這樣將前方部南側當作正面配置這些設施，則是受到了蒲生君平將這種古墳假設為「前方後圓」的說法所影響。

希區考克同時在該雜誌上公布大山古墳墳丘的照片，可看出前方部靠近水際的部分已毀損不堪。事實上大山古墳的整個墳丘早已傷痕累累，不能說是保存完善的古墳。因此曾經做過前方部正面部分的美化工程，應該是在濠溝工程（將第三濠改成環繞狀）之前，也就是明治時代上半葉。

由於當時的工程費用不足，只好從墳丘內取土利用。因為取用了靠近前方部前端的東側和西側的中段和下段（尤其是下段），以及前方部正面的中段和下段的土，使得各段傾斜的角度變得更陸，也讓東段的形狀更加好看。同時還利用取出的泥土調整墳丘輪廓，將前方部的前端稍微擴大。這項工程也將明治五年所發現的石室隱藏了起來。

今天提到古墳的復原，雖然意味著忠實恢復成原來的形態；但由於所謂的文久修陵和明治政府的修陵所展現出莊嚴美化古墳的政治性效果也很重要，自然會著重於從祭拜所看出去的景觀美化。而且當時管理陵墓的官吏們，腦子裡也只認定作為天皇陵的前方後圓墳就應該是三段結構、四周環濠、墳丘和環濠呈左右對稱的理想形態，所以大山古墳的整修當然也就朝此方向進行了。一如前述，中斷於第一濠和第二濠之間的土堤，無視於地方居民的請求強行改道，也是源自於天皇陵必須左右對稱的想法所致。

因為前方部的工程，大山古墳的墳丘稍微擴大了些。墳丘全長目前是四百八十七公尺，原來是四百七十五公尺。前方部正面的寬度現在是三百零七公尺，原來是兩百九十公尺左右。這些數據都是沒有經過實地觀察的紙上作業，還有待未來檢核。

另一方面，江戸時代的堺奉行（掌管堺地政務的長官——譯註）曾經在後圓部東側中間部分設置供與力、同心（幕府時代的下層武士——譯註）駐防的勤番所，造成了一些損傷。不過對墳丘的長度沒有影響，後圓部的直徑是兩百五十公尺，幾乎跟原來的尺寸一樣。據說明治時代也曾擴張下段，原來的規模只有兩百四十公尺。由於沒有實地觀察，筆者也不敢斷言。

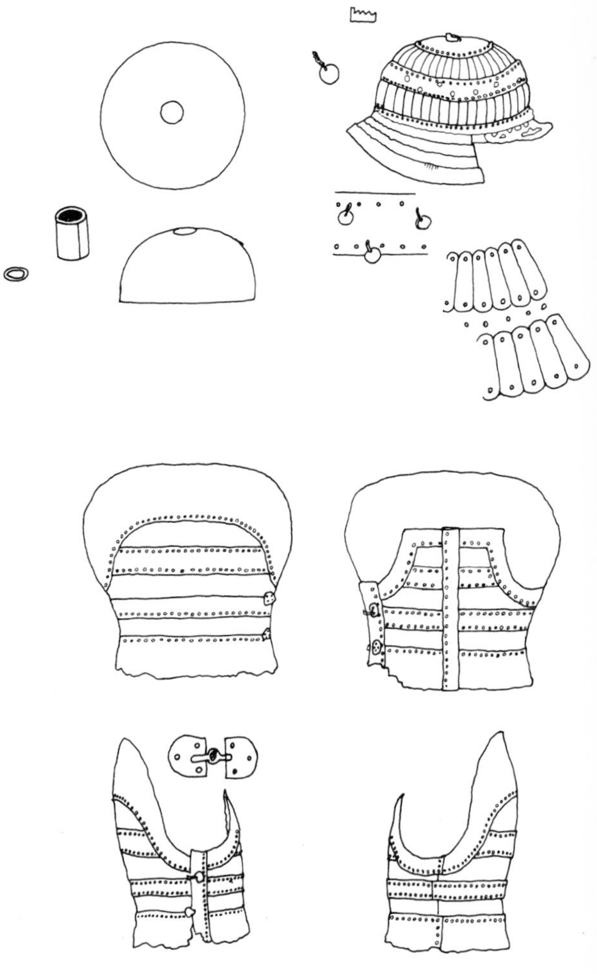
◎取材自柏木政矩所繪之「甲冑圖」

❖期待天皇陵的公開❖

從幕府末期到今天的一百年間，大山古墳可說是受到了莫名其妙的對待。因為從西曆紀元後的四到六世紀，大山古墳既是東亞最大的古墳，也是日本特有的前方後圓墳，因此常用來作為說明過去的大王（也就是天皇家先祖權力）的具體表徵。大部分的天皇陵古墳在文久修陵後都沒有太大改變，只有大山古墳不同。前面已經說過，從祭拜所看得到的前方部正面已徹底整修過。第二濠和第三濠改為環繞濠溝的工程也在明治時代完成。

直到第二次世界大戰結束後，這些情況原則上依然未變，包含設於幕府末期的牌坊也沒有撤除的打算。戰敗之前，堺市舊市區遭到美軍的瘋狂砲擊，幾乎全毀。民眾為了臨時造屋，拿百舌鳥古墳群的一些古墳當作牆土的採土場而恣意破壞。在那樣悲慘的狀況下，大山古墳仍是嚴禁進入的。

老是得提到戰敗後的悲慘狀況。當年由於缺乏糧食，沒有白米，只能吃些油渣、玉米粉充飢。車站的剪票口認定乘客身上都有跳蚤，強行噴灑現已禁止的DDT殺蟲粉。在美軍占領下，沒有所謂的個人自由，大家根本不敢抱怨。

在那樣的情況下，有一天報紙刊登了從空中拍攝大山古墳的照片。今天要看到天皇陵古墳的空拍照片已是稀鬆平常，但在戰敗前拍照是被禁止的。因此這張空拍照片喧騰一時，尤其是對物資不足、氣氛慘澹的日本人而言，看到遠古時代日本人的偉大建築，心中不禁燃起了希望。當時還是小孩子的筆者內心也充滿期待，心想在不久的將來考古學家將會進行挖掘，解開古墳的真相。

然而關於天皇陵，宮內廳始終堅守就算是考古學家也不准進入墳丘內的方針。另一方面，對於有濠溝的古墳，還在所有靠水的地方砌上石牆。原本靠水邊的地方有埴輪列，因為不對研究者公開，竟被少數人給處理掉了。

昭和三〇到四〇年代（西元一九五五～一九七五年）的高中教科書，肯定都會有仁德陵的空拍照片。通常作為「大和朝廷進軍朝鮮半島」的插圖使用，透過這座古墳來暗示有能力建造巨大古墳的日本國力和政治情勢。當然「大和朝廷進軍朝鮮半島」就是所謂的任那日本府問題（日本認為大和政權於西元三六九年侵略朝鮮半島東南部一帶，在伽耶地方設置「日本府」，一直到五六二年實行長達二百年的殖民統治；韓國學界認為這是日本殖民主義史學者的虛構，是十九世紀後半期日本帝國主義意圖合理化對韓國的侵略而捏造的一種說法——譯註）。筆者認為就考古學的觀點也很難認定該說法得以成立，可是教科書上卻還是用仁德陵的照片企圖造成高中生的視覺印象。一如前述，我之所以強調應該將仁德陵改為大山古墳的原因之一，就是要避免古代史這種為所

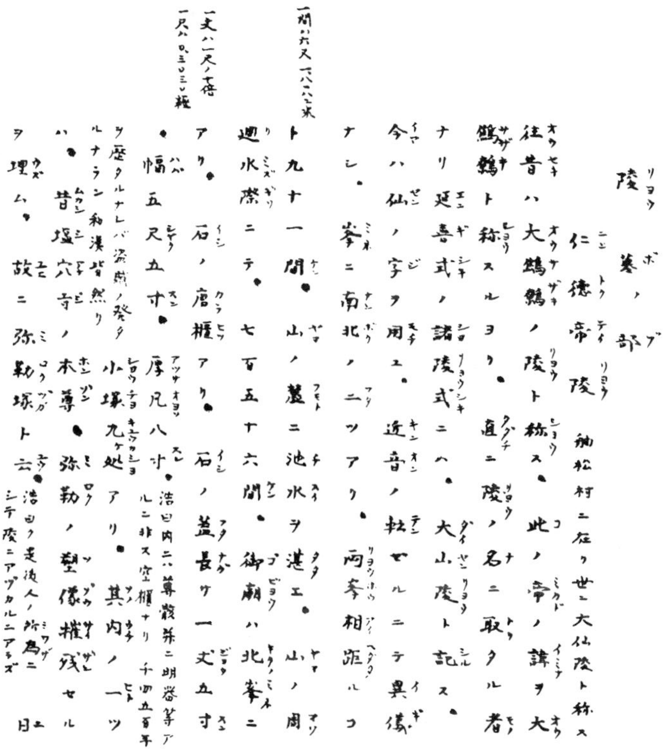

◎取材自高志芝巖所著《頭註全堺詳志》（寶曆7年，西元1757年）

欲為的濫用做法。

❖受葬者的名稱和營造年代❖

有關筆者個人對大山古墳的認識，幾乎都已經書之筆墨。其實若是以該古墳為百舌鳥耳原中陵，也就是仁德陵為前提下筆是可以寫得很輕鬆的。只要照著記、紀中的仁德天皇事蹟，補充《宋書》等中國史料記載的倭國五王，特別再說明讚、珍等問題點就好了。如此一來也不需提供筆者的個人看法，還能將判斷的責任轉嫁給記、紀和《延喜式》等古籍。

葬於大山古墳的人，也就是受葬者，昭和四十三年（西元一九六八年）藤間生大在其所著《倭之五王》（岩波新書）發表了大山古墳為倭王濟（也就是允恭）之墓，譽田山古墳為反正天皇之墓的看法。這項新的見解帶給當時年輕考古學研究者諸多勇氣，振奮他們急起直追的精神。這項新見解相對於一部分考古學者在同一古墳群內對天皇陵進行比對推估顯得更具流動性，而且可以同時對古市古墳群和百舌鳥古墳群重新做比對推估。

前面也稍微提到過，曾經有段時期，只要記錄在平安時代《延喜式》的各天皇陵墓能和各地古墳相對應，就表示該陵墓的真實性。然而那樣也只能確定是平安時代所指定的陵墓；至於是否就是原來古墳時代的受葬者，則仍需要其他證明。對於這一點，山根德太郎針對譽田山古墳也發表同樣的意見。說來真是難堪，考古學者似乎有種頭腦簡單的傾向，很容易相信宮內廳的指定說法。儘管內心有其他想法，一旦考古學將遺跡名定為仁德陵，對第三者來說自然會解釋為埋葬仁德的皇陵。這就是約定俗成使用漢字命名的結果。既然內心可能有不同的看法，那就應該改用大山古墳來稱呼比較好。

近年來小說家也開始對古代史產生莫大的興趣。其中有位黑岩重吾（一九二四～二〇〇三，小說家，著有《假日斷崖》、《背德的手術刀》《聖德太子》等——譯註），他就長期住在百舌鳥古墳群內，對巨大古墳和古墳時代末期的人們深感興趣而創作許多歷史小說。黑岩先生認為大山古墳是倭王武之墓。

就筆者的立場來說，不管是仁德天皇還是反正天皇，這種以漢風諡號作為受葬名稱的做法，筆者認為並不適當。就算為了避諱而像記、紀使用大鷦鷯天皇的和風諡號，因為記、紀記錄的史實是在六世紀中期以後，所以只能證明那些人物的存在。總之，古墳的受葬者和營造年代不是那麼容易就可以決定的。

最重要的是，如果能和其他古墳一樣在一定的規則下讓研究者進入墳丘內，用自己的眼睛觀察各段狀況、埴輪配置的位置等進行考古學最基礎的研究，才有可能將年代幅度縮短在一定程度內。現階段仍然有困難。

根據我們現在所能看到的少量資料，不論是藤間生大所說的倭王濟之墓，還是黑岩重吾所說的倭王武之墓，都具有假設可能成立的條件。換個例子來說，若將年代改為欽明之墓或是推古之墓，則是完全沒有可能成立的條件。嚴格說來，大山古墳營造年代的範圍，上起五世紀中期，下至六世紀初期。

後記之一

森浩一

從筆者的書房窗口透過南禪寺林木的枝葉可以俯瞰京都街景。完成這本書的現在，寺廟的庭院到處有高聲鳴叫飛來飛去的鵯鳥，又將是築巢的季節了。去年春天剛開始寫這本書時，我家庭院的樹枝高頭有鵯鳥築巢，只見兩隻老鳥忙著運送食物餵養雛鳥。那天筆者正在寫稿，忽然聽見鵯鳥像發了瘋似地喧鬧，走出庭院一看，原來有一隻大青蛇爬上高枝正準備襲擊鳥巢。筆者用竹竿趕走大青蛇，並將躲在屋簷下避難的雛鳥放回窩巢，但是雛鳥立即飛跑從此不再靠近舊巢。還好雛鳥已經有能力飛翔兩三公尺遠，之後似乎也順利成長。如果去年的雛鳥也夾雜在那些歌唱飛舞的鵯鳥群中，即意味著雛鳥的成長和這本書的誕生有著相同的步調。

照理說從書房窗口看出去的風景應該都一樣，然而我卻會因那一天的氣候或是自己的健康狀態、心情而感覺有所不同。說得極端一點，有時我看到的是一隻雛鳥或是一朵含苞待放的茶花；有時則是看到樹梢上方如日本海波濤洶湧的雲彩和寬闊的天空。

寫書也會因為焦點鎖定而方向不同。本書寫作的焦點基本上和那天將視野放諸於天空一樣，首先我希望能解開「為什麼日本首屈一指的巨大前方後圓墳會建築在那個時期、那個地方」的疑問。

筆者於昭和五十三年（西元一九七八年）曾負責編纂《大阪府史》第一卷（古代篇），並執筆古墳時代的章節。當時的筆者認為挖鑿大川的動機在於河內湖的治水對策，完全沒有注意到大阪灣沿岸有一道沿著沙丘的狹長潟湖，也沒有想到那裡曾是潟湖港；因此對於百舌鳥古墳群的巨大前方後圓墳，為什麼會興建在百舌鳥野上，也無法積極地表示意見。

人有時會繞遠路。筆者自己彷彿改變研究主題似地，曾經有一段時間突然被古代日本海文化所吸引，從昭和五十六年（西元一九八一年）起的三年間，於富山市舉辦古代日本海文化研討會，並於昭和五十九年（西元一九八四年）在金澤市舉辦同一主題的國際性研討會。我將在富山市的三年成果集結成三本書（小學館出版）付梓，國際研討會的內容也即將整理完成，在此暫且不予介紹。倒是我所關心的重點：日本海沿岸各地潟湖港的復原，經由研究，筆者發現了以潟湖港為中心的大古墳和寺院遺址等考古學遺跡的分布方式，不禁對潟湖港在各地域古代文化的擴展所扮演的角色另眼看待。

有關古代日本海文化的研究，透過對比方式分析太平洋沿岸的古代遺跡，因而產生了許多異於過去的看法。至於筆者所不擅長的自然地理學知識，則是懇請立命館大學日下雅義教授協助，教授不厭其煩地為我解說專業用語，並就我個人認知的潟湖港進行檢討，所以才能於本書中發表諸多成果。不過筆者個人認為，沿著海岸線南北狹長的潟湖一帶古名為住吉之津的這項假設，若受到各界的批判理當由我個人承受。對於同樣在堺市舊市區卻南北分離為攝津和和泉，則是筆者從小就覺得不可思議的現象。也就是說，包含今天住吉神社所在的攝津範圍幾乎整個止於潟湖的南端，或許是自古留下的傳統也說不定。很明顯地攝津國就是津，也就是擁有港口的國家之意。

另外筆者還發現到一點。被稱為大津道的長尾街道和被稱為丹比道的竹內街道南北平行，但我們一向對其西端終點卻沒有概念。我認為長尾街道的終點是堺港，這可從別名大津道（通往『大津』的道路）得知。竹內街道也是在大山古墳的東北方轉向西北，順著低緩的段丘斜面抵達堺港。日下雅義教授認為長尾街道沒有從段丘斜面直線而下，而是轉向西北到達淺香浦，不過本書還是採用了直線說。這些問題在不久的將來會因考古挖掘而重新浮上檯面。

有關大山古墳，因為受到天皇陵的制約，缺乏考古學基本的臨場觀察等描寫，只能透過古文獻、地圖、空拍照片等資料；因此，筆者必須加上許多個人大膽的推測。此外承蒙京都大學山田慶兒教授見教中國古代測量法。有關大山古墳的設計和土地區畫，則是參考長期在堺市從事研究、也是我所尊敬的好友宮川徏的研究成果，然而宮川徏的大尋與小尋說、後圓部四段說等，本書都沒有採用。這些如果能夠實地檢討，都是短時間內可以解決的問題。

最後希望觀察陵墓這種很普通的研究行為能夠早日實現，是為後記。

【後記】之二

穗積和夫

開山造路、興建房屋等，在現代已是司空見慣的常事；然而對於古人特意在平地造起一座大山的想法，現代人卻是望塵莫及。「為什麼要建造那麼大的東西呢？」、「到底是誰？怎麼造出來的呢？」我從一開始先發出這些單純的疑問，然後巨大古墳的影像才逐漸在我的腦海中成形。但畢竟光是一座大山古墳，包含濠溝的全長就幾乎有電車一站的區間那麼大，實在很難掌握其龐大的規模。

參與描繪日本古代建築和都市建造的工作，這本書是第六本。每次變換主題，都有無法預期的困難等著我，讓我焦頭爛額。這一次是以建造古墳的土木工程為主，不但有別於過去複雜的建築物架構，光是其規模之巨大就令我瞠目結舌。而且還不只是大而已，包含地質的選擇、泉水的處理等，看到古人如此發揮智慧，實在是令人嘆為觀止。

在森教授的熱心指導下，終於完成了這本書，卻用了比預期還久的時間。造成讀者和提供協助諸多人士的困擾，謹在此表達深深的歉意。

【日本經典建築】10
巨大古墳——探索前方後圓墳之謎

原著書名——巨大古墳：前方後円墳の謎を解く
作　　者——森浩一
繪　　者——穗積和夫
譯　　者——張秋明
封面設計——霧室
內頁排版——徐璽設計工作室
總 編 輯——郭寶秀
特約編輯——曾淑芳
行銷業務——力宏勳

發 行 人——凃玉雲
出　　版——馬可孛羅文化
104台北市民生東路二段141號5樓
電話：886-2-25007696
E-mail : marcopub@cite.com.tw
發　　行——英屬蓋曼群島商家庭傳媒股份有限公司城邦分公司
104台北市中山區民生東路二段141號11樓
客戶服務專線：(886)2-25007718；2500771
24小時傳真專線：(886)2-25001990；25001991
讀者服務信箱：service@readingclub.com.tw
郵撥帳號——19863813　戶名：書虫股份有限公
香港發行所——城邦（香港）出版集團有限公司
香港灣仔駱克道193號東超商業中心1樓
E-mail : mail:hkcite@biznetvigator.com
馬新發行所——城邦（馬新）出版集團
Cite (M) Sdn.Bhd.(458372U)
11 , Jalan 30D/146 , Desa Tasik Sungai Besi , 57000 Kuala Lumpur , Malaysia
輸出印刷——前進彩藝有限公司
二版一刷——2016年10月
定　　價——350元

NIHONJIN WA DONOYONI KENZOBUTSU WO TSUKUTTE KITAKA6
KYODAI KOFUN-ZENPOKOENFUN NO NAZO WO TOKU

ISBN : 978-986-93728-7-9（平裝）

國家圖書館出版品預行編目資料

巨大古墳：探索前方後圓墳之謎／森浩一 文；
穗積和夫插畫；張秋明 譯 - 二版_-- 臺北市：
馬可孛羅文化出版：家庭傳媒城邦分公司發行，
2016.10〔民96〕
面；　公分_--（日本經典建築；10）
譯自：巨大古墳：前方後円墳の謎を解く
ISBN 978-986-93728-7-9 (平裝)

1.墳墓　2. 考古遺址　3. 日本

798.8231　　105018049

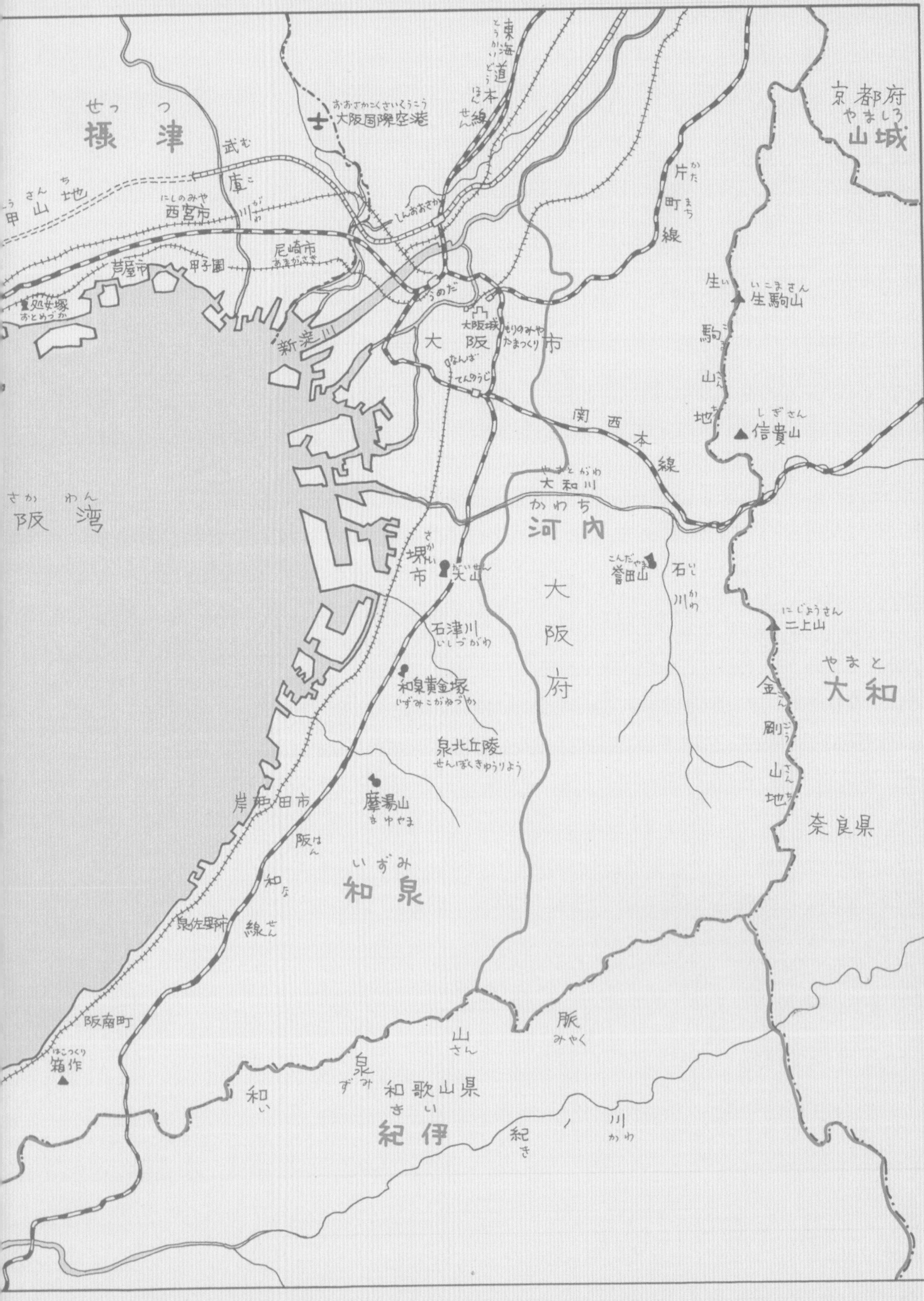

摂津
京都府
山城
大阪国際空港
東海道本線
武庫川
西宮市
尼崎市
芦屋市
甲子園
処女塚
新淀川
しんおおさか
うめだ
大阪城
もりのみや
たまつくり
大阪市
なんば
てんのうじ
片町線
生駒山地
生駒山
信貴山
関西本線
大和川
河内
阪湾
堺市
大山
誉田山
石川
二上山
大阪府
石津川
和泉黄金塚
大和
金剛山地
泉北丘陵
岸和田市
摩湯山
阪和線
奈良県
和泉
泉佐野市
阪南町
箱作
和泉山脈
和歌山県
紀伊
紀ノ川

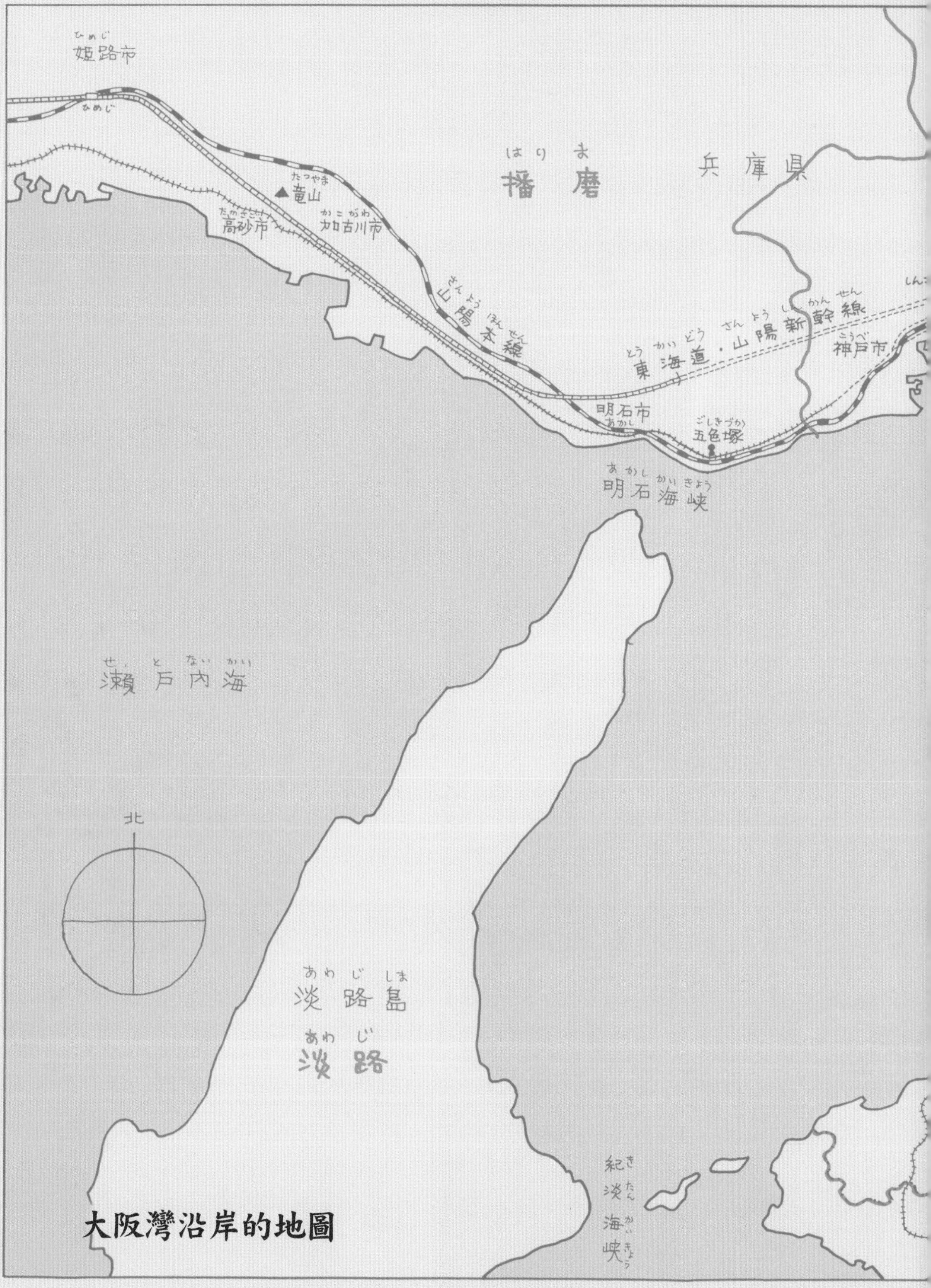
姫路市
播磨
兵庫県
竜山
高砂市
加古川市
山陽本線
東海道・山陽新幹線
神戸市
明石市
五色塚
明石海峡
瀬戸内海
北
淡路島
淡路
紀淡海峡

大阪灣沿岸的地圖